KB179372

중국의 길

The road of China

중국의 길

청톈취엔(程天权) 주편

머리말

　중국의 혁명, 건설과 개혁은 1921년부터 2011년까지 90년이라는 긴 시간의 길을 걸어왔다. 한 사람에게 있어서 90년은 한평생일수 있다. 그러나 한 국가, 한 민족에게 있어서 90년은 기나긴 역사의 과정에서 매우 짧은 시간에 불과하다. 만약 이 90년을 중화민족의 지난 5,000년 문명사나 미래의 중화민족 부흥이라는 역사의 과정에 비한다면 매우 짧은 순간에 지나지 않을 것이다. 하지만 이 짧은 순간이 중국 역사에 있어서는 특별한 가치가 있는 순간이었다.

　지난 90년 동안, 중국공산당은 중국 인민들과 더불어 이끌고 중화민족의 역사적 비약을 세 번이나 이룩했다.

　첫 번째 역사적 비약은, 우리가 중화인민공화국을 수립했다는 것이다. 이것은 중국공산당이 창설되면서부터 중화인민공화국이 수립되기 전까지로 28년의 시간이었다. 이 28년이라는 분투 과정에서 중국공산당은 중국 인민들을 이끌고 북벌전쟁·토지혁명전쟁·항일전쟁·해방전쟁(중국 국내 전쟁—역자 주)을 치르면서, 일본 군국

주의의 침략을 물리치고, 국민당 반동 통치를 전복시켜 신민 민주혁
명을 성공리에 완수함으로써, 근대 이후 중화민족이 꿈속에서까지
그리던 독립과 인민의 해방을 실현했던 것이다. 중화민족의 발전은
이로부터 새로운 역사적 기원을 열었으며, 중국의 현대화는 이 기간
동안 새로운 시작을 하게 되었다.

　두 번째 역사적 비약은, 우리가 새로운 사회주의 제도를 구축한 것
이다. 이 기간이 약 30년이었는데 중화인민공화국을 수립한 후, 중
국공산당은 인민들과 더불어 사회주의의 변화를 독창적으로 완성했
다. 신민주주의로부터 사회주의로의 전환을 실현하고 사회주의 기
본 제도를 확립함으로써, 세계 인구의 4분의 1을 차지하는 동방의
대국이 사회주의의 세계로 들어서게 되었던 것이다. 사회주의 제도
를 구축한 후, 마오쩌둥(毛澤東)을 중심으로 하는 당의 1세대 중앙
지도부는 중국 국정에 부합되는 사회주의 건설의 길을 탐색한 끝에
흡족한 성과를 거두었고, 사회주의 사업의 발전을 거족적으로 추진
했다. 중국처럼 경제와 문화가 낙후된 국가에 사회주의를 창립한 것
은, 중국 역사상 가장 광범위하고 가장 어려운 사회 변혁이었고, 중
국 사회 변혁과 역사 진보에 있어서 엄청난 발전이었으며, 또한 세계
사회주의 사업에 막대한 지지와 촉진 역할을 하게 했다.

　세 번째 역사적 비약은, 중국만의 사회주의를 세우는 데 있어서
발전적인 중화민족의 위대한 부흥을 실현하기 위한 분명한 길을 개
척했다는 것이다. 이 비약도 대개 30년이라는 과정을 지나왔는데,
1978년에 소집된 중국공산당 11기 3차 전원회의를 대표로 하는 중
국의 개혁개방과 사회주의의 현대화 건설을 새로운 시기에 들어서게
했다. 사회주의 건설을 장기간 진행하는 과정에서 우리는 국내와 국
제의 역사적 경험을 바탕으로 험난한 탐색의 길을 거치면서 개혁개

방의 새로운 정책을 내세워, 사회주의 기초 단계에서의 당의 기본 이론·기본 노선·기본 강령을 확립하고 중국 특색의 사회주의 이론체계를 형성하였다. 세계적으로 사회주의가 심각한 우여곡절을 겪고, 변화무쌍한 국내외의 정세 하에서 우리 당은 지주산(砥柱山)처럼 우뚝 서서 어떤 역경에도 흔들리지 않은 사회주의를 만들었다.

네 번째 역사적 비약은, 중국사회에 엄청난 변화를 가져온 것이다. 우리는 반식민지, 반봉건 사회에서 사회주의 사회로 변환을 실현했고, 계획경제 체제로부터 사회주의 시장경제 체제로의 전환을 실현했으며, 폐쇄 반폐쇄 사회로부터 다각도로 개방하는 역사적 전환을 실현했다. 중국은 100년간의 탐색과, 부지런한 노력과 지혜, 자강불식의 정신에 의존하고 세계 선진 경험을 배우면서 마침내 중국 특색을 갖춘 발전의 길을 찾아냈다. 이 길은 중국 정세에 부합하고 세계의 경향과도 부합하는 데서 중국 인민들의 전폭적인 지지를 받았다.

90년 동안, 중국공산당은 중국 인민들을 이끌고 분투하는 가운데 다름과 같은 찬란한 성과를 거두었다.

- 인민민주독재의 국가정권을 수립하고, 수천 년간의 봉건전제 정치로부터 인민민주정치로의 위대한 도약을 실현했다.
- 중국은 독립적이고 비교적 완벽한 국민경제시스템을 구축했으며, 경제력과 종합적 국력은 빠르게 증가시켰다. 중국은 단지 반세기 남짓한 시간을 들여, 가난하고 낙후한 중국의 면모를 쇄신했을 뿐만 아니라 분야별 공업시스템을 구축했다.
- 중국은 사회주의 문화를 끊임없이 발전시키고, 모든 인민들의 창조적 자질과 교육, 과학, 문화적 자질을 끊임없이 향상시키

면서 세계에 중화민족의 새로운 정신 면모를 보여주었다.

- 우리는 흩어진 모래알 같은 낡은 중국의 모양을 종결하고 나라의 철저한 통일과 전례 없는 민족의 단합을 이룩했다. 홍콩, 마카오가 성공적으로 조국의 품에 돌아옴으로써 전 민족의 숙원을 실현했다. 해협 양안의 교류도 지속적으로 늘어나고 있어, 궁극적으로 타이완 문제도 해결하여 반드시 조국의 통일을 실현하고야 말 것이다.

- 우리는 독립, 자주의 평화 외교정책을 지지하고, 강자가 약자를 업신여기는 패권주의와 강권 정치를 단호하게 반대했다. 또한 개발도상국의 정당한 권익을 수호하고 확대, 발전시키고자 노력하면서 국제사회가 공개적이고 합리적인 정치·경제의 새로운 질서를 구축하는데 전력하여 세계 평화와 발전이라는 숭고한 사업에 중요한 기여를 하였으며, 그 결과 사회주의인 중국의 국제적 위상은 날로 높아지고 국제적 영향은 날로 커지고 있다.

- 우리는 당의 자체 건설을 꾸준히 보강한 데서 당의 대가 끊임없이 강대해졌으며, 집권력이 끊임없이 증가되었다. 이 90년 동안, 중국공산당은 1921년 창설 초기의 50여 명에서 오늘날에는 8,000만 여 명의 당원을 보유하고, 전국을 60여 년 동안 집권한 큰 당으로 성장했으며, 중국 인민들은 나날이 번영하는 사회주의의 조국에서 살게 되었다.

중국공산당은 위대하고 영광스럽고 정확한 마르크스주의 정당으로 불리기에 손색이 없으며, 중국 인민들을 지도하여 새로운 사업을 꾸준히 개척하는 중견 역량이 되기에 손색이 없다는 것을 여실히 입증하였다.

90년 동안, 중국공산당은 중국 인민들을 지도하며 혁명, 건설, 개혁을 하는 과정에서 다양한 경험을 쌓았다.

- 90년간 쌓은 경험은 우리들에게, 마르크스주의를 중국의 실제와 구체적으로 결합시켜 마르크스주의의 중국화(中國化)를 계속해서 추진하여 중국혁명과 건설, 개혁에 지속적으로 승리를 획득할 수 있는 소중한 법보(法寶)임을 말해주었다.
- 90년간 쌓은 경험은 우리들에게, 언제나 사상을 해방시키고 실사구시를 구현하도록 하였으며, 모든 것을 실제로부터 착안하고, 대단히 능숙하게 자신의 길을 가야 한다는 사업 태도를 고수하는 것은, 우리가 반드시 지켜야 할 중요한 원칙임을 말해주었다.
- 90년간 쌓은 경험은 인민들의 근본적인 이익을 대표하고, 인민들의 이익을 실현하고 수호, 발전시키며 시종일관 인민대중들에게 우리가 적을 물리치고 승리를 거둘 수 있는 힘의 원천은 인민에게 있음을 말해주었다.
- 90년간 쌓은 경험은 우리들에게 생산력을 끊임없이 제공, 발전시키고 국가의 종합적인 국력을 끊임없이 증가시키며, 경제, 정치, 문화, 사회의 전면적 발전을 지속적으로 추진하는 것은, 시종일관 중국공산당에게 부여된 중요한 사명임을 말해주었다.
- 90년간 쌓은 경험은 중국에게, 독립자주의 외교정책을 유지하는 것은 중국의 국제적 위상을 높이고, 중국의 국제적 영향을 확대시킬 수 있는 중요한 전략임을 말해주었다.
- 90년간 쌓은 경험은 중국에게, 당 자체의 건설을 꾸준히 보강, 개선시켰고 시종일관 당의 선진성(先進性)을 유지하게 하였으며, 당의 집권력을 강화하는 것은 중국공산당이 끊임없이 장대

해지고 성장할 수 있는 위대한 프로젝트임을 말해주었다.

　최근 몇 년 사이, 나는 여러 번 해외에 나가 해외의 정계 인사들을 만나고 학자들과 학술교류를 하였는데, 그들의 가장 큰 관심사는 "중국은 어떻게 성공할 수 있었는가?", "중국경제가 지속적으로 성장할 수 있는 근본 원인은 무엇인가?", "중국이 성장하는 길에서 그 특색이 도대체 어디에서 구현되고 있는가?" 등의 화제였다. 그들 중 대다수 사람들이 "자기는 중국을 잘 모른다"고 솔직하게 인정했다. 또한 그 같은 '무지(無知)'가 중국에 대한 여러 가지 편견을 초래했다며 자기들의 속마음을 숨김없이 보여주었다. 그렇지만 누구나 할 것 없이 중국의 경제, 사회 발전에 지대한 관심을 보였다. 특히 자기들이 관심을 갖고 있는 많은 문제들에 대해 중국학자들이 깊이 연구하고, 또한 그 연구 결과를 알려주기를 원했다. 해외 인사들로부터 매번 이 같은 질문을 받는 가운데, 나는 중국 성장의 길을 전문적으로 연구해 책을 한 권 써야겠다는 생각을 하였고 이 책을 통하여 다음과 같은 목적을 이루기 희망한다.

　첫째, 근대 이후 특히 중국공산당이 창설된 후 90년 동안 우여곡절을 겪으면서 그 역경을 다각도로 돌아보며, 우리는 중국 특색의 사회주의 길을 어떻게 걸어왔으며, 그 특색이란 도대체 어떤 점에서 구현되었는가를 보여줄 것이다. 둘째, 개혁개방이 이룩한 찬란한 성과를 체계적으로 정리하여 개혁개방의 과정에서 쌓은 소중한 경험을 탐색하고, 이론적으로 심층 분석한다. 셋째, 중국이 미래 발전과정에 봉착하게 될 여러 난항과 도전에 대해 연구하고, 우리 학자들의 생각과 대안을 당과 국가의 정책 하에 참고자료로 제공한다.

　이 책은 여러 사람들이 합작하여 쓴 작품이다. 허야오민(賀耀民) 교수, 쉬즈훙(徐志宏) 교수, 징수이취안(鄭水泉) 교수, 장닝(張寧) 교수, 양광빈(楊光斌) 교수, 양펑청(楊鳳城) 교수, 훙다융(洪大用) 교수, 지펑페이(齊鵬飛) 교수. 리바오쥔(李寶俊) 교수, 우메이화(吳美華) 교수, 친쉬안(秦宣) 교수가 이 책의 토론에 참여했거나 집필을 맡았다. 리쟈푸(李家福) 박사가 이 책의 집필과 원고 편성을 위해 책임 작업을 했다.

　중국공산당이 걸어온 90년은, 마르크스-레닌주의를 중국에 끊임없이 실천하고 또한 그 진리를 꾸준히 추구, 개척하며 혁신한 90년이었으며, 민족의 해방과 국가의 부강, 인민들의 행복을 위하여 고군분투하고 노력한 90년이었으며, 맡겨진 역사적 사명을 완수하고 또한 끊임없는 시련을 겪으면서 발전한 90년이었다.

　중국 90년의 변천사를 한 권의 책으로 엮거나 몇 편의 문장으로 진술한다는 것은 지극히 어려운 일이다. 또한 혁명과 건설, 개혁의 주력군으로서 인민대중들이 체감하는 바가 우리보다 더 깊다는 점을 잘 알고 있다. 또한 중국공산당이 90년간 쌓은 소중한 경험을 몇몇 사람의 힘으로 짧은 시일 내에 체계적으로 정리한다는 것이 무리라는 점도 잘 알고 있다. 인민대중들이 개혁개방의 진행 과정에서 느낀 시각과 경험은 너무 많기 때문이다. 우리는 단지 우리의 노력을 통하여, 우리 자신을 알고, 중국의 발전에 관심을 두는 사람들이 중국 발전의 길을 더욱 많이 이해할 수 있기를 바라며 또한 더욱 많은 사람들이 중국 발전의 길을 연구하는데 참여하기를 바랄 뿐이다.

－ 2008년 9월 25일

청톈취엔(程天权)

차 례

서론

중국 현대화 길의 가동 및 그 역사적 선택

청나라시대 말기 무렵 중국은 두 가지 역사적 과업에 봉착했다. 하나는 외부의 침략에 저항하여 국가의 독립과 민족의 해방을 쟁취하는 것이었고, 다른 하나는 세계의 흐름에 순응하며 현대화 과정을 실현시키고, 경제 사회의 전면적 전환을 실행하여 민족의 부흥을 이룩하는 일이었다. 중국 인민들은 이 두 가지 과업을 둘러싸고 길고도 어려운 역사적 탐색을 진행해 왔다.

1. 외적의 침입과 중국 인민의 항쟁에 관한 탐색

유구한 역사를 가지고 있는 중국은 19세기 중엽 이전까지 봉건적이고 자급자족하는 자연 경제를 토대로 하는 전제군주국가였다. 중국의 청 왕조 통치자들이 의연히 천조상국(天朝上國)의 헛된 꿈에 빠져 있을 때, 서양에서는 세계의 역사를 전환시킨 산업혁명이 시작되었다. 산업혁명이 자본주의 경제의 급성장을 이룩하면서 서방의 자본가들은 해외 식민지를 수탈하여 빠르게 상품시장과 원자재 공급지로 만들었고, 그것은 땅이 넓고 물자가 풍부하며 인구가 많은 중국이 동방을 침략하는 중요한 교두보 역할을 하는 계기가 되었다. 1840년, 영국이 아편전쟁을 일으키자, 부패한 청나라 정부는 침략자에게 주권을 잃고 치욕스러운 "난징(南京)조약"을 체결했다. 이후 서방의 열강들은 중국의 군사·정치·경제·문화에 대한 침략과 자원 수탈에 박차를 가하는 가운데 수천 년 지속된 중국의 봉건사회는 점차 붕괴되어 갔고 반식민지, 반봉건적 사회로 전락해 갔다.

　서방 열강들의 침입 및 그 세력이 끊임없이 성장하면서 두 가지 면에서 커다란 영향을 초래했다. 첫째로, 자본주의 제품을 헐값에 파는 방식과 자본주의 생산 방식이 유입됨에 따라 중국의 전통적 봉건 경제제도가 지속적으로 타격을 받고 파괴되었다. 하지만 그것은 중국 자본주의 생산방식의 발전을 가속화시켰다. 다른 하나는, 서방 열강들의 침입으로 인하여 중국의 민족위기는 지속적으로 심화되어 갔다. 청나라 왕조 통치자들은 서방 열강들의 압박에 못이겨 영토를 넘기거나, 금전배상·권력이양 등 일련의 매국조약을 체결해야 했다. 외부 침략자들은 중국에서 세력범위를 계획적으로 기획하고 공장설립·광산채굴·철도부설·은행설립·항운경영 등의 특권을 탈취했을 뿐만 아니라 군대를 주둔시키고 조계지를 설치하는 특권도 얻었다. 외부 침략자들은 중국의 경제적인 부분을 통제했을 뿐만 아니라 중국의 군정대권을 조종하게 되면서 중국은 점차 반식민지 국가로 전락해 갔다. 중국 각 계층의 수많은 지사들이 나타나 나라와 국민을 혼란 속에서 구하고자 앞 사람이 쓰러지면 뒷 사람이 이어 가며 희생을 감수하고 투쟁해 나갔다.

태평천국운동은 중국 역사상 가장 큰 규모의 농민저항운동이었다. 태평천국은 스스로의 경제 강령인 "천조전무제도(天朝田畝制度)"를 제시하고 "무릇 천하의 땅은 고루 나누어 경작해야 한다"는 원칙을 내세워 당시 빈곤한 농민들의 투쟁 열정을 크게 고조시켜 청나라 왕조에게 극심한 타격을 주었다. 청나라 정부는 1894~1895년의 갑오전쟁(청일전쟁)에서 일본에 패하고 북양수군 전군이 전멸했다. 1895년 4월, 일본은 중국을 압박하며 "시모노세키 조약(馬關條約)"을 체결했다. 이 조약으로 인해 중국은 타이완을 일본에 떼어주고, 백은 2억 냥을 배상하는 등 엄청난 치욕을 당했다. 캉유웨이(康有爲)는 베이징에서 과거시험에 참가한 거인 1,300명을 동원하여, "청일강화조약을 거부하고, 수도를 시안(西安)으로 옮기며, 군대를 양성하고, 법을 개혁해야 한다"는 주장을 밝힌 상소문에 연대 서명을 한 후 광서제에게 올려 민족의 생사존망의 위기를 천하에 알렸다. 역사적으로 "공거상서(公車上書)"라고 칭하는 이 주장은 "유신변법"의 서막을 열었다. 시국이 힘들고 망국의 위험에 직면한 상황에서 강유위를 중심으로 하는 개량주의자들은 "변법을 통해 강성을 계획한다"는 슬로건을 내걸고 유신운동을 시작했다. 이 운동은 통치자들이 궁극적으로 받아들이지 않았으므로 100일 밖에 견지하지 못하고 결국 좌절했다. 1900년에 발발한 의화단운동은 중국을 분할해 차지하려던 제국주의 국가들의 오만한 야심에 큰 타격을 주었으며, 객관적으로 청나라 정부의 부패, 무능함을 보여주었지만 이 또한 실패하고 말았다. 의화단운동을 진압하기 위해 영국·미국·독일·프랑스·러시아·일본·이탈이아·오스트리아 8개 국 연합군이 베이징에 무장 침입하여 중국 인민들을 살해하고 자원을 마구 수탈해갔다. 이듬해, 청나라 정부는 강압에 못이겨 "신축조약"을 체결하면서 주권을 잃었다. 그 결과 중국은 철저히 반식민지 반봉건사회로 전락하였다. 중국 인민들은 어쩔 수 없이 엄청난 민족적 치욕을 재차 당해야 했다.

20세기에 들어서도 중국의 반제국주의 반봉건적 민족, 민주주의의 과업을 완수하기는 매우 힘들었다. 자본주의 근대 산업이 발전함에 따라 중국사회 내부에 신규 사회역량들이 성장하기 시작했는데 바로 무산계급과 자산계급이었다. 당시 무산계급의 역량은 매우 미약하였으며 자산계급 혁명가들이 반제국주의 반봉건 투쟁에서 지도자 역할을 하였다.

1894년, 민주혁명의 위대한 선각자 쑨원(孫文)이 단향산(檀香山, 하와이)에서 흥중회(興中會)를 결성하고, "중화진흥"이라는 민심을 분발케 하는 우렁찬 구호를 제기했다. 1905년, 그는 중국동맹회를 결성하고, 자산계급 민주공화국을 목표로 하는 완벽한 정치 강령을 제시했는데 그들이 선서문에서 제출한 구제달로(驅除撻虜, 만주족 통치세력을 축출하자는 것), 회복중화(恢復中華, 한족정권을 수립하자는 것), 창립민국(創立民國, 민주공화국을 수립하자는 것), 평균지권(平均地權, 토지 소유를 균등화하자는 것)의 4대 강령은 민족, 민권, 민생의 3대 주의를 구현한 것이었으며, 근대 중국이 시급히 해결해야 할 세 가지 문제를 명시한 것이었다. 쑨원의 '삼민주의'와 그가 수립하려는 민주공화국의 이상은 중국인들의 머릿속에 한 가지 새로운 목표를 심어주었다. 그로부터 독립적인 민주국가를 창립하는 것이 중국인들의 혁명 목표로 되었다.

쑨원을 대표로 하는 자산계급 혁명파들은 무수한 무장봉기를 일으키며 청 왕조 통치를 뒤엎으려 했고, 혁명적 수단을 통해 자체 강령을 달성하려 했다. 1911년 10월 10일, 우창봉기(武昌起義)가 발발하고, 신해혁명이 성공했다. 1912년 1월 1일, 중화민국이 수립

을 선포하고, 쑨원을 임시 대총통으로 하는 난징임시정부가 창설되
면서 2천여 년의 시간 동안 지속되어온 봉건군주제가 막을 내렸다.

2. 중국 현대화 경로에 대한 다방면의 탐색과 그 선택

중화민국의 수립은 결코 사람들이 기대했던 민족의 독립과 사회의
진보를 가져오지 못했다. 또한 중국 현대화를 이룩하기에는 갈 길이
멀었고 시대가 영웅을 만든다는 각 분야의 대표 인물들은 "상대방이
무대에서 물러나면 내가 등장"하는 식으로 분분히 책을 저술하고 이
론을 정립하며 '백가쟁명'하는 상황만 조성하였다. 진리는 논쟁할수
록 분명해졌고, 이 같은 치열한 논쟁 속에서 중국혁명이 반드시 거쳐
야 할 길이 점차 분명해졌다.

1) 중국 현대화와 발전을 묶은 족쇄

비록 중화민국의 오색기가 게양되기는 했지만 봉건통치의 뿌리는
여전히 깊게 박혀 있었다. 서방 열강들의 간섭 하에서 중화민국의 임
시 대총통 직위는 위안스카이(袁世凱)에게 탈취당하고 말았다. 위안
스카이는 취임한 후 대지주, 대 자산계급 이익을 대표하는 북양군벌
정부를 설립하였다.

위안스카이가 정권을 잡은 후, 특히 황제라고 칭한 후 중국사회,
특히 사상계에서는 공자를 숭배하고 논어를 열독하는 분위기가 조성
되었다. 다당제나 의회제와 같은 '박래품'은 중국의 그 어떤 실제적
문제도 해결하지 못했을 뿐만 아니라 오히려 여러 군벌, 관료 인사들
의 권력과 이익을 다투는 도구로 활용되었다. 위안스카이가 사망한

후, 북양군벌은 돤치레이(段祺瑞)를 중심으로 환계군벌(晥系軍閥), 펑궈장(馮國璋)을 중심으로 직계군벌(直系軍閥), 장쥐린(张作霖)을 중심으로 봉계(奉系)군벌이라는 3파벌로 분열되었으며, 각 지역에는 다양한 실력의 각기 다른 군벌들이 둥지를 틀고 있었다. 군벌들의 혼란으로 중국은 장기간 분열과 폭동을 겪어야 했으며, 중국의 현대화의 길을 운운하는 것조차 할 수 없게 되었다.

　신해혁명은 반제국주의 반봉건주의의 역사적 과업을 완수하지 못하고 중화민족이 봉착한 두 가지 과업을 하나도 해결하지 못한 채 중국은 계속해서 반식민지, 반봉건사회의 상태에 놓여 있었다. 그 근본적 원인은 신해혁명을 지도한 중국 민족자산계급과 그 정당이 경제적으로, 정치적으로 매우 유약하였고 타협 정신이 강했기 때문이었다. 농민봉기, 자산계급 개량주의, 나아가 자산계급 혁명 등 무수한 저항이 모두 실패한 원인이기도 했다. 이는 중국에서 실행이 불가능하다는 것을 말해주었다. 그렇다면 중국 민족의 독립과 현대화의 시작점은 도대체 어디에 있었다는 말인가?

2) 마르크스주의 전파와 중국공산당의 창립

　신해혁명 이후, 보다 진보적인 사상을 가진 많은 지식인들이 고통을 견디면서 신해혁명이 실패하게 된 원인과 교훈, 그리고 나아갈 길을 모색하였다. 그 과정에서 진보적 사상을 가진 일부 지식인들이, 나라를 구하려면 반드시 계몽해야 한다는 사실을 점차 깨닫게 되었다. 1915년, 천두슈(陳獨秀)가 〈청년잡지〉(제2권 1호부터 〈신청년〉이라고 개명했음)를 창간하면서 사상 문화 분야에, 민주와 과학을 기치로 하여 봉건적 사상과 도덕, 문화에 선전포고를 한 신문화운동이라는 폭풍을 불러일으켰다.

1917년 11월 7일(러시아 일력으로 10월 25일), 러시아 무산계급 사회주의 혁명이 성공하였다. 이는 진보적인 관점에 있던 인사들에게 엄청난 감동을 주었다. 러시아의 국정은 중국과 비슷한 점이 많았다. 이는 중국의 진보적 인사들에게 커다란 영향을 주지 않을 수 없었다. 소비에트 러시아의 탄생은 중국의 진보적 인사들이 초조한 마음으로 고심하던 여러 가지 문제에 합리적인 해답을 주었을 뿐만 아니라 그들에게 새로운 혁명 방법을 제시해주었다. 그들 중 일부는 마르크스주의 학설에 관심을 보이기 시작했고, 또한 적극 홍보하면서 중국이 러시아의 길을 걷기를 희망했다.

1919년에 발발한 5·4운동은 마르크스주의 중국 전파에 큰 영향을 주었다. 사회주의의 흐름이 점차 사람들의 눈길을 끌었고, 한때 유행하기까지 하였다. 반복적인 비교와 판단을 통해 리다자오(李大釗), 천두슈를 비롯한 중국 진보적 지식인들이 점차 합류하여 사회주의 단체를 결성하고, 마르크스주의를 통해 중국사회를 개조할 수 있는 사상으로 선택하였다.

진보적인 이론이 있고, 새로운 사회적 역량이 생기게 되면서 중국에 새로운 형태의 노동자계급정당이 창립되는 것은 당연지사였다.

1921년 7월 21일, 중국공산당 1차 전국대표자대회가 상하이에서 소집되었다. 당의 1차 대표자대회에서는 중국공산당 창립을 공식적으로 선언했다. 중국공산당의 창립은, 근대 이후 사회진보와 혁명발전이라는 객관적 요구에 순응하는 천지개벽의 대사였다. 중국공산당은 중국의 개조를 과업으로 삼았는데, 민족의 독립과 인민들의 해방을 쟁취하고, 국가의 번영과 부강, 그리고 인민들이 다 같이 부유해지는 목표를 실현하기 위하여 어려운 투쟁의 길을 걷기 시작했다. 중국공산당이 탄생하고부터 중국혁명은 새롭게 변화하게 되었다.

3. 두 가지 전망과 두 가지 운명의 최후 결전, 그리고 역사적 선택

항일전쟁에서 승리한 후, 평화를 요구하는 상황 속에서 중국의 최대 정당인 중국국민당과 중국공산당은 서로 다른 방향으로 역사를 선택했고 그 역사는 공정했다. 중국 현대화 발전의 흐름에 부합하고, 중국 인민들의 근본적 이익을 대표하는 정당이 역사의 최후 주인이 되었기 때문이었다.

1) 항일전쟁 승리와 중국의 두 가지 전망, 두 가지 운명

항일전쟁에서 승리한 후, 어떤 제도의 국가를 수립하여 어떠한 길을 갈 것인가 하는 문제가 중국 인민들의 화제로 되었다. 이와 동시에 국제적으로는 미국을 비롯한 서방 국가들과 소련을 비롯한 사회주의 국가들 모두 중국 문제에 큰 관심을 보였다. 세계 판도를 재편성하는 과정에서 양측의 역량 모두 큰 지지를 보냈고, 또한 중국 정세에도 중대한 영향을 주었다.

중국의 수많은 인민들의 이익을 대표하는 중국공산당은 평화라는 방법을 통하여 독립적이고 민주적인 부강한 신민주주의 국가를 건설하려고 시도하였다. 대지주와 대자본가의 이익을 대표하는 국민당 통치 집단은 항일전쟁의 성과를 박탈하고 내전의 방식으로 인민들이 이미 취득한 권리를 빼앗고, 중국사회를 항전 전의 일당 독재의 반동 통치시대로 후퇴시키려 했다. 그리하여 중국이 광명의 길로 갈 것인지, 아니면 암흑의 길로 갈 것인지에 대한 숙명을 피할 수 없게 되었다.

2) 역사적 선택과 현대화의 길 개척

전면적으로 내전이 시작된 후, 국민당 통치구역의 사회경제 형세는 급격히 악화되었으며, 여러 가지 형태의 인민운동이 막강한 기세로 급속히 진전되었다. 중국공산당은 국민당의 무장진공에 대응하여 민심에 순응하고 일련의 정치적 정책과 경제적 조치를 강구했으며, 모든 유리한 조건을 활용하고 민중을 동원하여 국민당과 정권을 쟁탈하기 위한 투쟁을 벌였다. 공산당 해방구의 정치와 경제는 날로 번영하였고 국민당 통치구역의 정치와 경제는 날로 쇠락해지자 더욱 많은 사람들이 중국공산당이 영도하는 통일전선에 가담하였다. 중국공산당이 주장하는 신민주주의는 날이 갈수록 많은 사람들의 공감과 지지를 얻었으며, 궁극적으로 민족자산계급도 국민당에 대한 환상을 버리고 소자산계급과 함께 신민주주의 전선에 참가하였다.

중국 신민주주의 혁명의 성공은, 1840년 아편전쟁 이후 반식민지 반봉건사회의 역사가 철저히 종결되고, 중국의 현대화 발전의 장애물이 완전히 제거되었음을 선고하였다. '현대화'가 중국사회 발전의 주체가 된 후, "중국 현대화의 길을 어떻게 갈 것인가"가 해결해야 할 가장 큰 과제로 대두되었다. 중국은 "현대화를 추구하지만 서구화는 거절한다"는 목표를 최종 선택하였다. 즉 사회주의를 통하여 중국경제를 발전시키고, 중국사회 발전과 중화민족의 부흥을 추진하자는 것이었다. 1840년 이후, 중국 인민들은 수 없이 많은 노력과 탐색을 거친 끝에 역사가 바라는 새로운 선택을 했으니, 바로 사회주의 현대화라는 새로운 길을 모색하는 것이었다.

나아갈 길은 이렇게 확실시되었고 변경하기도 쉽지 않게 되었다. 하지만 사회주의 현대화라는 이 길을 추진한다는 것은 매우 어려운 일이었지만 결국 역사는 새로운 한 페이지를 펼쳤다. 중국 인민들은 중국공산당의 지휘 하에, 100년 여 동안 풀리지 않던 "3개의 산"을 뒤집어 엎으며, 사회주의 아래 신중국건설을 시작하고 중국사회주의 현대화라는 위대한 원정을 시작하게 되었다.

4. 중국사회주의 건설과 탐색(1949-1978년)

1949년 10월 1일, 중화인민공화국의 탄생은 중국 역사에서 하나의 위대한 전환점이었다. 마오쩌둥은 중국의 반식민지 반봉건 사회의 종결을 선언했고, 중국이 신민주주의 사회로부터 사회주의 사회로의 전환이 시작되었음을 발표했다. 1950년대 중국의 정치생활 가운데서 가장 중요한 사건이 바로 사회주의의 길로 선택하고, 사회주의로의 전환을 실현시키는 것이었다.

1) 갓 태어난 인민공화국을 공고히 하자

갓 태어난 인민공화국을 공고히 하고 건설하는 것은 중국 인민들과 인민정부 앞에 놓인 가장 중요한 과제였다. 정치적으로, 전국의 정권을 이제 막 쟁취했고, 수많은 지방에서 인민정권을 수립하지 못했거나 한창 수립하는 과정에 있었으며, 타이완을 포함한 부분적 지방은 아직 해방되지 못한 상태였다. 경제적으로는, 제국주의 · 봉건주의 · 관료주의가 장기간 착취, 약탈하고 연속해서 12년 동안 전쟁의 파괴를 심각하게 입었던 데서 국민경제가 붕괴 상태에 이르렀다. 국제적으로는, 서구 국가들이 중국에서의 실패를 달갑게 여기지 않고 줄곧 기회를 엿보며 중국에 대한 정치적 침투, 군사적 위협과 경제적 봉쇄를 강화하였다. 그 같은 준엄한 형세 하에서 중국은 신생

인민공화국을 수호하고, 국민경제를 신속히 회복하기 위하여, 대량의 사업을 벌이고 완강한 투쟁을 진행하였다. 각급 인민정권을 수립하고 공고히 하면서 토지개혁 운동을 지속적으로 진행하였다. 경제 상황을 근본적으로 호전시키고 신생 인민정권을 공고히 하기 위하여, 정풍(整風)운동, 북한에 대한 군사적 지원, 항미원조(抗美援朝, 북한을 지원하여 미국과 싸움), 보가위국(保家衛國) 등 일련의 조치를 취했는데, 이는 사회주의 개조와 경제 회복에 큰 촉진제 역할을 하였다.

2) 사회주의 개조를 전면적으로 전개하다

사회주의 개조란, 국가가 농업 · 수공업과 자본주의 상공업에 대해 국유화와 집단화를 실현하는 과정이며, 각종 비사회주의 경제 요소와 경제관계를 점차 사회주의 경제로 개조하는 과정을 말한다. 이는 무산계급이 정권을 쟁취한 후, 정권의 힘을 활용하여 공유제를 토대로 하는 사회주의 경제를 구축하고 발전시킴과 아울러 국민경제의 주체로 만듦으로써 사회주의 경제 토대를 구축하고 사회주의 개조를 진행하는데 기본 조건을 마련하는데 있었다. 우리나라에서 사회주의 개조는 바로, 농업 · 수공업과 자본주의 상공업 등 비사회주의 경제에 대한 개조를 통하여 실천되었다.

(1) 농업에 대한 사회주의적 개조

우리나라에서 농업에 대한 사회주의 개조는, 협동화(합작화, 合作化)의 길을 걸으면서 소농경제를 점차 사회주의 집단경제로 개조하는 방식을 통해 실현됐다. 농민들의 개인 경제는 근로자의 사유경제 형식이었다. 토지개혁을 한 후, 어떻게 해야만이 빈부격차를 예방하고 농민들이 함께 부유해질 뿐만 아니라, 선진기술과 대형 농업기계를 도입하는데 이롭고 농업생산력을 신속히 개선하는데 이롭게 함으로써 사회주의 공업화 수요에 적응할 수 있을까 하는 문제는 중국공산당과 인민정부가 반드시 진지하게 고민해야 할 사안이었다. 농업 협동화를 실현하는 길만이 중국 농업의 출로였다.

1953년, 당과 정부는 전국적인 범위 내에서 농업에 대한 사회주의 개조를 점진적으로, 조건에 따라 전개하였다. 1956년 말에 이르러 합작사(合作社, 협동조합)에 가입한 농가가 전국 총 농가 수의 96.3%를 차지했으며, 그 중 고급 합작사에 가입한 농가는 전국 총 농가 수의 87.8%를 차지했다. 고급 합작사란, 전적으로 사회주의 성격의 집단경제조직으로서, 생산수단이 집단 소유이며, 집단 노동을 하고 노동에 따라 분배하는 제도를 말한다. 이에 따라 농업에 대한 사회주의 개조가 거의 완료되었다.

농업에 대한 사회주의 개조를 실현하는 것은 우리나라 농촌에서 토지개혁에 이어 또 하나의 깊은 의의를 가지는 변혁이었는데, 농업 생산력 개선을 강력하게 추진하여 농촌이 진보하고 발전하는데 토대를 마련해 주었으며, 사회주의 경제를 공고히 하고 강화하였다.

(2) 수공업에 대한 사회주의적 개조

중국은 근대 산업이 발달하지 못한 국가여서 광범위한 농촌과 도시에서는 수공업이 위주였다. 개인 수공업 생산의 자발적이고 맹목적인 낙후된 상태를 극복하고 사회주의 건설과 인민들의 생활 개선 요구에 적응하려면 반드시 수공업에 대한 사회주의 개조를 진행해야 했다.

수공업 협동화 운동은 당과 정부의 관리와 수많은 수공업자들의 노력을 통해서 신속히 발전하였다. 1956년에 말에 이르러 전국 적으로 협동화 수공업사(社, 조직)가 10만 여 개소로 늘어났는데, 그 중 수공업 생산합작사가 7만 4천여 개소로 늘어나고, 수공업 합 작 조직의 인원 수가 603만 명에 달해 수공업 종사 인원 총 수의 91.7%를 차지했으며, 그 중 수공업 합작사 종사 인원이 484만 여 명에 달했다. 이렇게 수공업에 대한 사회주의 개조가 거의 완성되었다.

(3) 자본주의 상공업에 대한 사회주의적 개조

자본주의 사유제(私有制)를 폐지하고 사회주의 공유제를 구축하 는 것은 무산계급이 정권을 쟁취한 이후 경제면에서 봉착한 한 가지 근본적인 과제였다. 국가는 자본주의 상공업에 대한 사회주의 개조 를 활용하고 제한하고 개조하는 3가지를 밀접히 연결하는 방식을 통 하여 이 문제를 해결하였다. 즉 국가는 국가 기구에 대한 관리 · 국 영 경제의 인도, 노동자 민중들의 감독을 통하여 자본주의 상공업이 국가경제와 국민생활에 도움이 될 수 있도록 하는 적극적인 작용을 활용하고, 국가경제와 국민생활에 불리한 소극적인 작용을 제한하 며, 자본주의 상공업을 여러 가지 다른 형식의 국가 자본주의경제로 전환하도록 격려하여 인도한 다음, 점진적으로 자본주의 소유제를 사회주의 전민 소유제로 대체하였다. 자본주의 상공업에 대한 사회 주의 개조를, 원래는 15년 가량의 시간이 소요될 것으로 생각했지 만, 실제로는 3년 정도밖에 걸리지 않았다.

농업, 수공업, 자본주의 상공업에 대한 사회주의 개조가 완성된 것은, 우리나라 사회주의 경제제도가 최종적으로 구축되었음을 상 징하는 쾌거였다.

3) 사회주의 건설의 길에 대한 초보적 탐색

국민경제를 회복하는 기간 중 중국공산당은 어려운 환경 속에서도 전국 각 민족의 인민들을 이끌기 위해 엄청난 노력을 기울였다. 한편으로는 국민당 정부가 남겨놓은 인플레이션을 신속하게 억제시키고 시장의 물가를 안정시켰으며, 수년간의 혼란으로 인하여 파괴되었던 국민경제 회복 작업을 빠르게 완수하였다. 다른 한편으로, 봉건 토지제도에 대한 개혁을 거의 완성하고, 농촌 생산력을 자유롭게 발휘할 수 있도록 했으며, 사회주의 국영경제를 강화하고 발전시켜 자본주의경제와 사영경제에 대한 국영경제의 지도적 지위를 공고히 하였다.

1953년부터 시작한 과도기에 우리나라는 계획적이고 대규모적인 사회주의 개조와 사회주의 건설시기에 들어섰다. 사회주의 개조를 진행하는 동시에 사회주의 경제건설의 길을 탐색하는 과정에서 초보적인 성공을 거두었다.

역사적인 국제적 경험과 당시 우리나라의 국정 구조 등 이 모든 것은 사회주의 공업화의 길로 가도록 되어 있었다. 즉 중공업을 가능한 빨리 발전시킴과 더불어 경공업과 농업을 발전시키고, 계획적으로 사회주의 건설을 진행시켜야 했다. 그런 까닭에 우리나라는 1차 5개년 계획을 실행하는 과정에서 당시 중국 국정에 부합되는 사회주의 경제건설의 길을 초보적으로 탐색하고 형성시켜 총괄적이고 집중적인 경제 계획 관리체제를 구축하고, 중공업을 우선적으로 발전시킴으로써 현대 공업의 주력 시스템을 구축할 수 있었다. 이 같은 성공적인 탐색은 우리나라 국민경제의 급성장을 강력하게 추진했으며, 우리나라 경제력을 크게 증가시켰다. 5년 동안에 이룩한 눈부신 성과는, 사회주의 경제제도의 우월성을 충분히 보여주었을 뿐만 아나라 이후 사회주의 경제건설에 견고한 기반를 마련해주었다.

4) 신속하게 성장한 사회주의 경제

중국 사회주의 건설의 길은 이미 굳건하게 자리를 잡았던 것이다. 정치적으로, 인민민주독재라는 정치제도를 실행하여 노동자·농민·지식인과 모든 애국인사들이 국가를 관리하고 사회적 사무를 관리할 수 있는 권리를 보장해주었다. 경제적으로, 생산수단 공유제를 실행하고 노동에 따라 분배하는 원칙을 주체로 하는 사회주의 기본 경제제도를 실행하여 근로자들의 이익을 보장해주었다. 사회주의 기본 정치제도와 경제제도의 힘을 활용하고, 자력갱생하고 힘껏 노력하는 각 민족의 인민들 정신에 의존하여 경제와 문화가 모두 낙후한 반식민지, 반봉건 국가를 번영, 번성케 하는 사회주의 국가로 전환시켰던 것이다.

(1) 국민경제 회복 시기와 1차 5개년 계획 시기

이 시기는 우리 당이 전국 인민들을 이끌어 신민주주의 사회에서 사회주의 사회로 전환하는 시기였으며, 중공업을 중심으로 계획적으로 경제건설을 한 시기였다.

1950년부터 1952년까지는 국민경제 회복기였다. 이 시기에 우리는 주로 관료자본 몰수, 토지개혁, 재정경제의 통합, 물가 안정, 자본주의 상공업 조정, '3반'(반 탐오, 반 낭비, 반 관료주의 투쟁 운동) '5반'(뇌물 행위 반대, 탈세와 세금 누락 반대, 국가 자재 빼내기 반대, 부실공사 반대, 국가 정보 빼내기 반대 운동-역자 주)을 실시하거나 전개하여 생산을 회복하는데 전력을 기울였다. 3년간의 시간을 들여 국민경제 회복이라는 과업을 완수하였으며, 그 결과 주요

공업 제품과 농산물 생산량이 건국 전의 최고 생산량을 훨씬 능가하였다.

국가는 1953년부터 1957년까지의 기간을 국민경제 발전 1차 5개년 계획 기간으로 정하고, 사회주의 개조를 진행하는 동시에 계획적으로 경제건설을 진행했다. 이 기간 대량의 중요 프로젝트를 완공하는데, 공업 기술의 기반이 신속히 강화되고 생산수준이 비교적 빨리 향상되었으며, 농업생산이 안정적으로 성장하였고 주요 농산물 생산량이 급속도로 증가하였다. 철도를 중심으로 하는 교통 운송업이 비교적 빠르게 증가하였으며, 생산량이 증가됨에 따라 시장이 커지고 물가가 안정되면서 민중들의 생활 또한 뚜렷하게 개선되었다. "1차 5개년" 시기는 공화국 건국 30년 가운데서 경제가 가장 좋은 시기라고 할 수 있다.

(2) 2차 5개년 계획과 경제 조정의 시기

1956년 9월, 중국공산당 8차 당대표 대회에서는 1958년부터 1962년까지를 국민경제발전 2차 5개년 계획으로 하자는 의견이 제시되었다. 하지만 객관적인 조건을 무시하고, 너무 성급하게 목적을 달성하려는 부분에서 지도사상과 방침에 착오가 생겼다. 더구나 자연재해가 일어났고 소련이 신의를 저버리고 일방적으로 계약을 파기한 데서 1959년부터 1961년까지 중국의 경제는 심각한 어려움에 처하게 되었다. 1959년부터 농업생산은 연속으로 3년 간 대폭 하락했고, 경공업 생산도 1960년부터 연속해서 3년간 하락했다. 국가 재정은 4년간 적자였으며, 시장 공급과 인민들의 생활은 극도로 어려워졌다.

이 같은 상황에 비추어 당과 정부에서는 인민들의 이익을 최대한 책임지는 차원에서 1961년 1월부터 "조정 · 공고 · 충실 · 개선"이라는 방침 하에 국민경제를 조정하기 시작했다. 1965년에 이르러 각 항에 대한 조정과업을 순조롭게 완수하게 되면서 여러 경제 분야는 새로운 방침 하에 비교적 조화로운 성장을 이룩할 수 있었는데, 공업과 농업 총생산액이 1957년을 웃돌았고, 많은 경제기술지표가 건국 후 가장 높은 수준에 이르러 국민경제가 재차 정상적인 성장의 길에 들어서게 되었다.

(3) '문화대혁명'–10년의 재난시기

1966~1976년 기간은 국민경제 발전 3차와 4차 5개년 계획의 시기 혹은 '문화대혁명' 10년의 재난시기라고 할 수 있다. 국민경제 조정 과업을 거의 완수하고, 중국 경제건설이 재차 성장을 하고 있는 시기에 '문화대혁명'이 발발하면서 정상적인 사회질서, 작업 질서, 생산질서가 혼란에 처하게 되었으며, 그 결과 3차 5개년 계획은 완전히 계획된 것이 아니라 간략하게 계획만 남게 되었다. 사회주의 건설사업은 건국 후 가장 심각한 좌절을 겪었으며 손실을 보게 되었다.

1976년 1월, 반혁명 그룹인 '4인방'이 붕괴되면서 '문화대혁명'이라는 10년의 재난시기가 종결되었고, 우리나라 경제는 새로운 역사적 성장시기에 들어서게 되었던 것이다. 당과 정부는 농업 · 공업 · 국방 · 과학기술 현대화를 이룩하여 중국을 사회주의 현대화 강국으로 건설하자는 위대한 강령을 재천명하였다. 전국의 인민들이 지대한 정치적 열정과 생산에 대한 적극성을 각 항의 건설사업에 보내게 되면서 정체되고 퇴보하였던 경제가 신속히 호전되었고, 공업과 농업생산이 신속하게 회복되었다. 1978년 12월에 소집된 중국공산당 11기 3차 전원회의에서는 사업의 중점을 사회주의 현대화 건설로 전이해야 한다는 중대한 전략적 정책을 출범시킴으로써 장기간 시행하던 '좌'경 착오노선을 근본적으로 시정할 수 있었다. 우리나라는 이로부터 개혁개방과 현대화 건설이라는 역사적인 새로운 시기에 들어섰으며, 새로운 중국 특색의 사회주의 길을 탐색하기 시작했다.

제1장

중국 특색의 사회주의 경제성장과 경제모델

중국공산당 11기 3차 전원회의는 중국의 개혁개방이라는 새로운 역사를 시작하였다. 30여 년간의 꾸준한 노력을 거쳐 중국은 최대한 집중되었던 계획경제체제로부터 활기 넘치는 시장경제체제로의 역사적 전환을 성공적으로 이룩하여 경제의 지속적인 고성장을 촉진하여 인민들의 생활수준이 끊임없이 개선되었다. 또한 국력은 대대적으로 향상되었으며, "중국 경험", "중국 성장의 길", "중국 모델"이 전 세계의 주목을 받게 되었다. 중국의 성장모델이 세계의 주목을 받게 된 데에는 성장의 기적이 있었다. 중국경제가 30여 년 동안 10% 가량의 고성장세를 지속할 수 있었던 원인은 도대체 무엇이었던가? 가장 역사적 의의를 가지는 점은, 이 기적의 배후에 내포되어 있는 제도와 이념인데, 서방 자본주의의 성공적인 성장방식, 제도, 이념과는 다른 어떤 점이 존재하는가 하는 것이었다. 이는 근대와 현대 중국이 여러 차례 겪은 중대한 사회 변혁 중에서 세계가 가장 오랫동안 관심을 모은 주제였고, 또한 많은 개발도상국들이 현대화 과정에서 공통적으로 직면한 문제이기도 했다. 이 문제에 어떤 답을 주느냐 하는 것은 역사 발전의 방향을 제시하고 미래 세계의 면모를 결정하는 중대한 사안이었다. 중국의 성장모델은 매우 풍부한 의미를 내포하고 있는데, 경제·정치·문화·사회 등 각 분야에서 구현되었다. 경제적으로 볼 때, 근본제도·경제체제·성장방식·대외개방 등 여러 측면에서 구현되었다. 이러한 여러 측면은 유기적으로 상호 연결되어, 중국 특색의 경제모델과 성장방식을 형성했으며, 중국경제 성장의 기적을 이룩하게 하였다.

1. 공유제를 주체로 한, 여러 가지 소유제가 공동 발전하는 기본 경제제도를 구축하고 개선

　마르크스와 엥겔스의 경전적인 사회주의 이론 가운데, 시장경제와 사유제는 한 데 연계되어 있다. 일단 생산수단이 사회에 점유되면 제품 생산과 상품 거래가 사라지게 되는데, 이는 전통 계획경제 체제의 중요한 이론적 근거였다. 중화인민공화국이 수립된 후, 사회주의 개조를 통하여 공유제를 토대로 하는 사회주의 제도를 구축함으로써 중국의 모든 발전과 성장을 위한 제도적 토대를 마련하였다. 아울러 지나치게 단일했던 소유제 구조도 경제 활력을 구속했었는데, 이 또한 개혁하였다.

　개혁개방 이후, 중국은 공유제를 주체로 한 여러 가지 소유제 경제가 공동 발전하는 기본 경제제도를 점차 확립하여 사회주의 시장 경제 조성과 발전을 위한 제도적 토대를 마련하였다. 공유제라는 주체적 지위는 시장경제의 사회주의 성질을 보장하였고, 이는 경제의 안정적 발전과 조화로운 발전에 협조하고, 경제성장을 추진하는 국가의 주도적 작용을 발휘하는 데 일조했다. 여러 가지 소유제 경제의 공동 발전은 많은 독립적인 소유권을 가진 주체를 형성하여 시장경제의 활력과 효율을 보장한 데서 각종 생산요소의 작용을 발휘하고 여러 경제 주체의 적극성과 창의성을 불러일으키는데 일조했다.

사회주의 기본 경제제도의 요구에 따라 중국은 사회주의 시장경제 요구에 순응하는 국유기업 개혁의 길을 점차 확립하였다. 20세기 70년대 말부터 개혁개방이 시작되어 현재까지 30여 년 동안, 중국은 심도 있고도 폭넓은 국유기업 개혁과 국유경제 구조조정을 점차 추진했고, "권리를 이양하고 이윤을 양도"하는 정책을 시작으로 하여 국유기업에 "자금을 조달해주던 곳으로부터 대출을 내주는" 정책, 그리고 일반화한 "도급 경영 책임제"에 이르기까지를 1990년대 중기의 "거시적 통제 강화, 미시적 통제 완화", "유진유퇴(有進有退)", "전반적으로 국유경제 활성화", "현대 기업 제도 구축" 등 중앙의 개혁 방침과 정책의 인도 하에서, 개편·연합·합병·임대·도급 경영·주주합작제·양도 등 다양한 형식을 통하여 중소기업의 활성화 작업을 촉진했으며, 채무관계를 주주 관계로의 전환, 기술 개진, 대출 관련 이자 보조, 정책적 파산 등의 조치를 하여 국유 대·중 기업의 전략적 조정을 가속화하였다. 다년간의 노력을 거쳐 국유기업의 관리체제와 경영 시스템에 큰 변화가 일어났는데, 국유 대·중기업의 부담을 경감하고 우열을 가리도록 하여 국유기업의 시장경쟁력을 현저하게 증가시켰다. 1998년부터 2007년까지 10년 사이 국유기업 수량이 뚜렷이 줄어들었는데, 기업 수가 23만 8,152개소에서 11만 5,087개소로 52%가 줄어들었고, 종업원 수는 46%나 줄어들었다. 그러나 국유기업의 자산총액은 10년 사이에 2.39배

늘어 연평균 9.1% 성장했고, 이윤 총액은 82.5배 성장해 연평균 55%가 성장했다. 자산 총 수익률도 1.4%에서 4.9%로 성장해 수익상황이 크게 개선되었다.

개혁 과정에서, 우리나라는 유소위(有所爲), 유소불위(有所不爲), 유진유퇴(有進有退)의 방침을 견지하고 국유기업의 경제 분포에 대한 조정을 통하여 국유기업 범위가 너무 넓고 비중이 과대한 문제를 개변했는 바, 국유경제의 중점을 국민경제 명맥과 관계되는 중요한 업종과 결정적인 분야에 두어 국유 자산의 전반 품질을 향상함으로써 국유경제의 주도적 작용을 더욱 잘 발휘하도록 했다. 2006년, 국유 대기업 수가 규모 이상 국유기업의 2.31%를 차지했지만 자산 총액, 주요 영업업무 수입과 실제 이윤은 각기 35.91%, 61.54%, 63.25% 차지했다. 2008년, 중앙 기업의 82.8%의 자산이 석유 화학 · 전력 · 국방 · 통신 · 운송 · 광산업 · 야금 · 기계제조 업종에 집중되었는데, 대부분의 원유 · 천연가스 · 에틸렌 생산을 담당하고, 기초 서비스와 대부분의 부가가치 서비스를 제공했으며, 발전량은 전국의 55%, 민간항공 운송물동량은 전국의 82%, 자동차 생산량은 전국의 48%를 차지했다. 국민경제 중견 업종과 관련 분야의 중앙 기업 수가 전반 중앙 기업의 25%, 자산총액이 75%를 차지했으며, 실제 이윤이 80%를 차지했다. 우리나라가 국유기업 개혁과 국유경제 분포에 대해 전략적 조정을 함에 따라 국유 및 국유 지배 기업이 공업 경제 중에서 차지하는 비율이 뚜렷이 줄어들었다. 하지만 총체적 규모와 경제 총량이 여전히 매우 큰 비율을 차지한 데서 국유경제가 관건 업종과 중견 분야에서 여전히 절대적인 통제적 지위를 차지하였다.

1978년 개혁개방 이후, 인민공사 시기부터 폐단이 드러나기 시작한 토지제도가 가족 단위 농업생산 책임제로 대체되었는데, 토지 가족단위 농업생산 책임제는 집단 소유제, 가족 단위 농업생산 책임 제, 통일적으로 분배하는 이중 경영 등이 특징이었다. 이 제도의 실행은, 토지라는 농업의 가장 기본적인 생산수단의 집단소유제를 수호했을 뿐만 아니라 생산수단을 차지하는 농민들의 평등을 보장했으며, 동시에 농민들에게 토지 사용권·점유권·부분적 양도권한·수익권을 부여하여 그들의 경제 자주권을 보장해 주었으며 공유제 본질을 수호하고 토지 도급관계를 안정시킴과 아울러 다양하고도 융통성 있는 토지 도급 경영권 순환 형식을 탐색했다. 이는 농민들의 생산 적극성을 분발시키고 농촌 시장화 발전을 촉진시켰으며, 농촌 토지 자원을 합리적으로 배치하여 지속적이고 효과적으로 이용하게 함으로써 토지 도급 경영자의 합법적인 권리와 이익을 확실하게 보장해주는데 중요한 역할을 하여 우리나라 농업생산의 급성장을 촉진하였다. 우리나라 농촌 토지 소유제를 수호하고 개선하는 것은 사회주의 기본 경제제도와 사회주의 시장경제를 공고히 하고 개선하는데 중대한 의의를 가진다.

중국의 경험에서 공유제 경제는 무조건 저효율이고, 결국은 시장경제와 상호 충돌하게 된다는 관점이 결코 성립되지 않음을 입증하였다. 공유제의 주체적 지위는 시장경제의 사회주의 본질을 보장해주어, 경제의 지속적이고 안정적이고 조화로운 성장에 이로우며, 사회가 공동으로 부유해지는 데 이롭다. 여러 가지 소유제 경제의 공동 발전은 생산 요소의 작용을 발휘시키는데 이롭고 각 방면의 적극성을 동원하는데 이롭다. 사회주의 기초단계에 관한 기본 제도의 확립은, 중국 특색의 사회주의 발전을 위한 토대를 다져놓았다. 오늘날 중국이 비교적 탄탄한 종합 국력을 보유할 수 있고, 국제적으로 중요한 위치를 차지할 수 있으며, 치열한 국제 경쟁 속에서 지속적이고 안정적으로 성장할 수 있고, 급속히 변혁한 전환 과정에서도 사회 기본 안정을 유지할 수 있었으며, 20세기 말 소련과 동유럽의 급변, 동아시아 금융위기와 2008년 지진에 맞선 재난 구제, 금융 등 중대 비상사건의 시련을 견디어 낼 수 있은데도, 모두 이 기본 제도 때문이라고 할 수 있다.

2. 고도로 집권된 계획경제 체제에서 사회주의 시장경제 체제로 전환

중화인민공화국이 수립된 후, 소련 모델과 비슷한 고도로 집권된 계획경제 체제가 점차 형성되었다. 이 체제는 형성 과정에서 20세기 50년대 소련 계획경제 체제의 영향을 받았을 뿐만 아니라 과거 해방구와 혁명근거지의 경제 관리 경험도 했으며, 동시에 대규모로 진행해야 하는 공업화 건설의 객관적 수요도 반영되었다. 계획경제 체제는 인력을 집중하고, 물력과 재력을 집중하며, 중점 건설의 순조로운 진행과 국가의 공업화 실현을 보장하고, 시장 안정과 인민생활 개선을 보장하는데 중요한 역할을 하였다. 하지만 이 체제는 국가에서 너무 과하게 관여하고 총괄적인 관리가 너무 심하며 엄격한 수직적·수평적 분할 관리 시스템을 가지고 있어서 기업과 근로자들이 적극성을 발휘하는데 어려움이 있는 등 폐단이 존재했다. 경제와 사회가 발전함에 따라 이 같은 체제의 폐단이 날로 심각해졌다. 따라서 개혁은 역사적으로 꼭 필요한 일이었다.

1978년 12월, 중국공산당 11기 3차 전원회의에서는 과도하게 집중된 경제체제를 개혁하고 가치법칙의 작용을 중시해야 한다는 제안을 내놓았다. 1982년 9월, 중국공산당 12차 당 대표대회에서 "계획경제를 위주로 하고 시장 조절을 보조로 한다"는 원칙을 제기하고, 경제체제 개혁을 점진적으로 전개했다. 1984년 10월, 중국공산당 12기 3차 전원회의에서 통과한 "경제체제 개혁에 관한 중공중앙의 결정"에서, 사회주의 경제는 "공유제를 토대로 하는 계획적인 상품경제"라는 방침이 출범하면서 도시 경제체제 개혁이 전면 추진되었다. 1987년 10월, 중국공산당 13차 당 대표대회에서 "국가는 시장을 조절하고, 시장은 기업을 인도한다"는 경제 운영 메커니즘을 제기하면서, 시장 메커니즘의 중추적 위치를 명확히 하였다. 1992년 10월, 중국공산당 14차 당 대표대회에서는, 중국의 경제 개혁 목표가 사회주의 시장경제 체제를 구축하는 것이라고 명시한데서, 개혁개방의 역사적 비약을 이룩할 수 있었다. 1993년 11월, 중국공산당 14기 3차 전원회의에서는 "사회주의 시장경제 체제를 구축함에 있어서 약간의 문제에 관한 결정"을 제기하고, 사회주의 시장경제를 구축하는 전반 구조와 구체적인 임무를 전면 천명했으며, 따라서 사회주의 시장경제 체제를 구축하기 위한 개혁이 전면 전개되었다. 2003년 10월, 중국공산당 16기 3차 전원회의에서 통과한 "사회주의 시장경제를 개선함에 있는 문제에 관한 중공중앙의 결정"은, 과학 발전관을 지도로 한 사회주의 시장경제 체제를 개선할 목표와 과업을 구체적으로 안배하여, 사회주의 시장경제체제 개선을 더욱 촉진시켰다. 2007년 10월, 2007년 10월, 중국공산당 17차 당 대표대회 보고는, 사회주의 시장경제 체제를 개선하고 각 분야의 체제 개혁과 혁신을 추진해야 하며, 중요 분야와 관련한 개혁의 발걸음을 다그치어 개방 수준을 전면 향상해야 하는바, 과학적 발전에 유리한 개방된 체제를 집중하여 구축함으로써 중국 특색의 사회주의를 발전시키는데 강력한 원동력과 체제적 보장을 제공해야 한다고 제안하였다. 사회주의 시장경제 개혁 목표의 인도 하에서 중국의 사회주의 시장경제 체제는 점차 안정되고 표준화 되면서, 경제 체제는 생기와 활력이 넘치게 되었다.

　사회주의 시장경제와 사회주의 기본제도는 상호 결합된 신형의 시장경제이다. 중국의 경제 개혁이 성공을 거둘 수 있은 키포인트가 바로 사회주의 기본제도 특히 공유제 경제와 시장경제지간에 창출한, 상호 수용하고 상호 촉진하는 관계이다. 이 같은 새로운 관계 속에서 사회주의 기본제도는 새로운 의미를 가지게 되면서 새로운 활력을 발산하게 되었으며, 시장경제 또한 사회주의 기본제도의 요구를 구현할 수 있는 새로운 특징을 가지게 되었다. 중국의 실천 각도에서 볼 때, 사회주의 기본제도와 시장경제가 상호 결합하는 경로와 방식이 주로 다음과 같은 몇 가지 면에서 구현되었다. 시장경제에 순응하는 새로운 형식의 공유제와 새로운 체제를 구축하고, 여러 가지 소유제의 공동 발전을 추진하였다. 공유제의 주체적 지위를 유지하고 국유경제의 주도적 역할을 발휘시켰으며, 국유기업의 개혁을 심화하였다. 노동에 따라 분배하는 원칙을 주체로 하고 여러 가지 분배 방식이 공존하는, 효율과 공정성이 상호 결합된 소득 분배 제도를 구축했다. 현대적인 일괄적된 시장 시스템, 열린 시장 시스템, 경쟁할 수 있는 시장 시스템, 질서 있는 시장 시스템을 구축하였다. 계획적인 인도 하에서 시장을 토대로 하는 거시적 조정 시스템을 구축하고 완비하게 하였다. 사회보장 시스템을 구축하고 개선하였다. 시장경제에 순응할 수 있는 완선한 법제시스템을 구축하였다. 시장경제에 순응할 수 있는 신형의 사회관리 시스템을 구축하였다. 내외(內

外)가 연동하고, 호리공영(互利共贏, 윈윈전략)하며 안전하고 고효율적인 개방된 경제 시스템을 구축하였다. 당과 정부의 사회주의 시정경제 관리 능력을 끊임없이 향상하였다. 사회주의 기본제도와 시장경제를 유기적으로 결합한 것이 중국경제 개혁의 목표이자 실질이고, 특색이자 경험이라고 말할 수 있다.

경제 운영의 특징으로 볼 때, 중국이 개혁개방 30여 년을 통하여 형성된 국가와 시장의 관계는, 계획적 조절과 시장 조절 · 직접적 조절과 간접적 조절 · 공급 관리와 수요 관리 · 단기적 목표와 장기적 목표 · 총량 평형과 구조 최적화를 유기적으로 일괄하고 국가가 주도하는 시장경제 유형이었다. 이런 국가의 주도적인 시장경제 유형은 사회주의 시장경제의 요구를 충분히 구현하였을 뿐 만 아니라 시장 메커니즘의 기초적 조절 역할을 발휘할 수 있게 했으며, 또한 국가의 주도적 역할을 발휘할 수 있게 하였다. 국가의 주도적 역할은 주로 다음과 같은 면에서 구현되었다. ① 사회 전반적인 국면에서 착안하고 이익에서 착안하여 국민경제와 사회 발전의 총체적 계획을 제정하여 경제성장을 계획적으로 조절하였다. ② 국민경제와 사회발전에서의 중대한 관계를 통일적으로 계획하고 고루 돌봄으로써 사회의 조화로운 발전을 추진하였다. ③ 공공제품과 공공 서비스를 충족하게 제공하여 인민들의 근본 이익을 보장하였다. ④ 총량 관계를 조절하여 거시적 경제의 안정과 평형을 촉진하였다. ⑤ 시장 실패(market failure)를 대비하여 미시적 관제를 함으로써 공정하게 경쟁할 수 있는 시장 질서를 수호하였다. ⑥ 국유경제의 소유자 대표로서, 국유 자산에 대한 효과적인 경영을 감독하고 관리하였다. ⑦ 사회의 공정성과 정의를 수호하여 사회의 조화를 촉진하였다. ⑧ 개혁개방을 지도하고 제도 혁신을 추진하였다. ⑨ 자원을 보호하고 생태

환경을 보호하여 지속적인 성장을 이룩하였다. 국가의 주도적 역할과 시장의 기초적 역할의 상호 결합은, 국민경제의 지속적이고 안정적이며 신속한 성장을 추진했다.

3. 과학적 발전을 주선(主線)으로 하는 경제성장의 길을 탐색

발전은 확고한 이유이며, 발전은 중국공산당이 집권하고 성장하는 것의 첫 번째 과업이다. 중국식 모델이 세계의 주목을 받을 수 있었던 가장 큰 특징은, 30여 년간 10% 가량의 고도성장을 유지하는 기적을 이룩한 것이다. 그렇다면 중국경제가 어떻게 기적적인 성장을 이룰 수 있었을까? 국내외 학자들은 이에 여러 가지 해석을 내놓았다. 예컨대, 엄청난 시장 수요·안정적인 정치 환경·높은 저축률과 투자율·저원가의 인적자원·효과적인 정부 관여·경제의 시장화·대외무역과 외자 이용·기술적 진보·이중 구조의 전환 등이다. 근본적으로 말하면, 중국경제가 지속적으로 급성장할 수 있는데는, 신형의 공업화에 대한 끊임없는 추진과 체제 혁신에 대한 끊임없는 추진이 원동력이 되었다. 공업화와 정보화의 상호 촉진, 그리고 경제 체제와 사회 체제의 전면적인 혁신은 자본과 노동력 등 자원 투자의 지속적인 증가와 수요의 지속적인 증가에 따른 발전이었고, 다른 한편으로는, 효율적인 자원 배치에 대한 지속적인 향상을 촉진하고 경제 혁신에 대한 지속적인 심화를 촉진하였다. 이는 일종의 구조적 변천이고, 기술 진보와 체제 혁신이 공동 추진한 구조적 또는 변혁적인 경제성장이다. 신형 공업화와 체제 혁신을 이 같은 성장의 기본 요소로 삼았고, 매우 긴 기간 동안 변화하지 않았다. 이것은 중국경제가 지속적이고 안정적으로 성장할 수 있는 원동력이 되었다. 이것이 바로 중국경제가 기적을 이룩할 수 있는 이른바 "비방"이다. 중국경제모델의 가장 주요한 성과와 가장 소중한 경험은, 중국이 실제로부터 착안하여 중국 특색에 부합되는 성장 이론 · 성장 전략 · 성장의 길을 탐색하고 형성했으며, 가장 중요한 점은 사람을 근본으로 하는 전면적, 협조적, 지속 가능한 과학적 발전관을 확립하고, 또한 "세 단계 성장" 전략과 전면적인 초요사회건설 전략을 확립한 것이며, 중국 특색의 신형 공업화의 길, 중국 특색의 농업 현대화의 길, 중국 특색의 자주 혁신의 길, 중국 특색의 도시화 길 등 과학적 발전에 관한 요구를 구현한 경제성장의 길을 확립한 것이다.

중국 특색의 신형 공업화 길의 기본 의의는, 정보화로 공업화를 이끌고, 공업화로 정보화를 추진하여 과학적 성분이 많고, 경제 효과가 좋으며, 자원 소모가 적고 환경오염이 적으며, 인적자원을 충분히 발휘할 수 있는 한 갈래의 신형 공업화 길을 찾아내는 것이다.

중국 특색의 농업 현대화 길의 기본 의의는, 농업의 기초 위치를 강화하고 농업 성장방식의 전환을 이끌어내어 농업의 종합적 생산능력을 대폭 개선하고, 농업생산 경영 원가를 대폭 줄이며, 농업의 지속 가능한 성장 능력을 대폭 강화하고, 농업 현대화 수준을 전면 향상하여 사회주의 새 농촌 건설을 확고히 추진하는 것이다.

중국 특색의 자주 혁신의 기본 함의는, 자주혁신(自主创新, 자주적인 혁신), 중점과월(重点跨越, 국외의 선진적 과학기술 성과를 폭넓게 도입하는 토대 위에, 상대적으로 우위가 있는 관건적 기술 분야에서 돌파를 가져오는 것), 지탱발전(支撑发展, 선진적인 과학기술을 보급하고 응용하여 사람과 자연, 경제와 사회가 조화로운 지속 가능한 성장을 유지하는 것), 인령미래(引领未来, 과학기술이 미래 발전을 위한 토대와 능력을 마련하여 경제의 지속적 성장을 이끄는 주요 힘으로 되는 것)이라는 지도적 방침을 바탕으로 하여, 원시적 혁신과 통합적 혁신을 대폭 추진하고 도입한 기술을 소화 흡수하고 재혁신하여 자주 혁신 능력을 끊임없이 개선함으로써 기업을 주체로 하고 시장을 향도로 하며 기업과 대학교, 연구기구가 협력하는 혁신 시스템을 하루 빨리 구축하여 국가 혁신 시스템을 만들어 구축하고 혁신적인 과학기술 인재를 하루빨리 양성하며, 전 사회적인 혁신 정신을 육성하기 위하여 노력하는 것이다.

중국 특색의 도시화 길의 기본 의의는, 과학적 발전관의 지도하에서, 도시와 농촌을 총괄 계획하고 합리적으로 배치하며, 토지를 절약하고 기능을 개선하며, 대도시가 소도시를 이끈다는 원칙에 따라 대 · 중 · 소 도시와 진(鎭, 읍)의 조화로운 발전을 추진한다. 종합적으로 감당할 수 있는 능력을 중점적으로 보강하고 특별 대도시를 거점으로 하는 영향력 넓은 도시권을 형성케 하여 새로운 경제성장점을 육성시키는 것이다.

중국 특색의 과학발전의 길은 그 형성에 있어서, 중국 발전 단계와 기본 국정을 반영하고, 발전에 대한 중국 특색 사회주의 제도의 객관적 요구를 반영함으로써 중국의 경제성장을 위해 더욱 광활하고도 밝은 미래를 개척하였다.

당대 중국에서, 발전은 확고한 근거를 갖고 본질적인 요구를 하는 것이 바로 과학적 발전을 하는 것이다. 즉 과학적 발전을 주체로 하여 인간을 근본으로 하는데 치중하며, 전면적이고 조화롭고 지속 가능한 발전을 중시하고, 총괄적으로 계획하고 두루 돌보는데 치중하며, 개혁개방을 중시하고, 민생을 보장하고 개선하는데 보다 더 치중하며, 경제구조의 전략적 조정을 가속화하고, 과학기술 진보와 혁신을 가속화하며, 자원을 절약하고 환경이 쾌적한 사회를 하루 빨리 건설하고, 사회의 공정과 정의를 추진하고 장기적이고 안정된 경제 급성장과 조화롭고 안정된 사회 안정을 추진하며, 생산이 증가하고 생활이 유족하며 생태 환경이 양호한, 문명한 발전의 길에서 새롭고 더욱 큰 성과를 끊임없이 이룩하는 것이다.

4. 독립자주를 견지하는 것과 경제 글로벌화에 참여하는 것을 결부시키다

개혁개방 이후, 중국은 대외개방이라는 기본 국책을 확립하고, 또한 적극적이고 점진적이며 통제 가능한 방식을 통하여 경제특구로부터 연해지역, 강 연안지역, 내륙지역에 이르기까지 대외개방을 했으며, 그 다음 세계무역기구에 가입하고, 대규모로 "도입"하고 대대적으로 "수출"하는 전략을 실행하여 폐쇄, 반 폐쇄적이던 데서 전방위적으로 개방하는 역사적 전환을 실현했다. 1978년, 중국의 수출입 무역 총액은 206.4억 달러, GDP의 9.7% 밖에 차지하지 못했지만, 2010년에 이르러는 2조 9728억 달러에 달하여 1978년의 144배나 되었으며, GDP에서 차지하는 비율이 49.2%가 되었다. 2010년, 중국의 외자 실제 이용액이 1000억 달러를 초과해 개발도상국 중 1위, 세계 2위를 차지했다. 중국의 경제 개혁과 경제성장은 날로 세계 경제 시스템 속에 융합되었다. 중국의 대외개방 유형은 다음과 같은 특징이 있다. 첫째, 국내와 국제 두 가지 국면을 총괄 계획하고, 개방적인 윈-윈 전략을 견지했으며, "도입"하고 "수출"하는 전략을 결부하면서 국제와 국내라는 두 개 시장을 충분히 활용하여 자원 배치를 최적화하고 발전 공간의 폭을 넓혔으며, 개방을 통해 개혁을 촉진하고 성장을 촉진하였다. 둘째, 경제 글로벌화가 가지고 있는 이중성과 두 가지 발전 추세를 명확히 하였다. 글로벌화 는 세계 자원에 대한 합리적인 배치를 추진하고 각국의 생산력 발전 을 추진하여 각국 국민들이 이득을 얻게 했다. 다른 한편으로, 자본 주의 경제 관계를 세계적으로 확장하여 세계 자원 배치의 불균형과 경제성장의 불균형을 악화시켜 남북 간 발전 격차를 지속적으로 확 대시키고, 빈부격차와 환경 악화를 심화시켰다. 중국은 첫 번째 추 세를 선택하고 추진하면서 두 번째 추세를 경계하고 통제하였다. 셋 째, 경제 글로벌화 참여와 독립자주를 결부하였다. 대외개방을 견지 하는 동시에 자체의 힘에 의존하는데 방향점을 두었다.

하지만, 글로벌화 과정에 주동적으로 적극 참여함과 동시에 글로 벌화가 위험하고 어렵다는 것을 인식하고 있었다. 한편으로, 경제 글로벌화는 생산력 발전의 객관적 요구이자 필연적 추세이고, 사회 생산력 발전의 객관적 요구이자 필연적 결과이며, 글로벌 범위에서 생산요소를 최적화되게 배치를 하는데, 이로써 중국 경제성장에 새 로운 기회를 가져다주었다.

오늘날 세계 경제의 글로벌화는 서방 선진국이 주도하는 자본주의 생산관계의 글로벌화이므로 일련의 새로운 모순과 문제에 봉착하는 것은 불가피한 일이다. 예컨대, 세계 범위 내에서의 양극분화는 글 로벌 생태 계통에 대한 과도한 개발과 파괴를 초래하고, 글로벌 경제 에 대한 혼란과 금융위기를 빈번하게 발발시킬 수 있으며, 선진국에 대한 개발도상국의 의존도를 심화하는 등의 모순이나 문제이다. 때 문에 사회주의 시장경제를 구축하고 발전시킴에 있어서 대외개방과 독립자주의 관계를 정확하게 처리해야 한다. 글로벌화의 진행 과정 에 적극 참여하는 동시에 독립자주의 원칙을 새겨가며 국가의 이익을 수호하고 증진해야 하며, 지향점을 자신의 힘에 의존하는데 둬야한다는 원칙을 새겨야한다. 자본주의 선진국의 경제·과학기술·교육·문화·관리 등 분야에서 이룩한 선진적 물질문명과 정신문명을 빠르게 배우고 거울로 삼는 동시에 자본주의 사회의 각종 부패한 부분을 '서양화'시키고 '분열'시키려는 적대세력의 계책을 단호히 물리쳐야 한다. 선진기술의 도입과 노력을 동시에 개발, 혁신을 연결지어 자주혁신을 대대적으로 진행해야 하며, 중국을 혁신적인 국가로 만들어 국제 경쟁력을 향상시켜야 한다. 제품 수출과 서비스 수출을 적극 확대하고 중국의 수출품에 대한 기술 함량과 부가가치를 끊임없이 향상하는 동시에 광활한 중국 시장의 힘을 발휘해야 하며, 언제나 내수 확대를 경제성장의 기본 목표로 삼으며 장기적인 전략 방침을 세워야 한다. 수요에 근거하여 국외 자금을 적당히 활용해야 하며, 국제 투자와 다국적 회사의 투자를 적극적으로 유치하는 동시에 자기 축적을 더욱 중요시해야 하며, 대외개방 과정에 치중하여 국가의 경제 안전을 지켜야 하고, 개방·성장과 안전의 변증법적 관계를 분명하게 처리하여 관련 업종과 분야에 대한 통제력을 시종일관 유지해야 한다. 국제 규칙을 존중하고 활용해야 하며, 선진국의 유용한 정책과 체제를 학습하고 도입하는 동시에 사회주의 기본제도를 개선하고 유지해야 한다. 국제 규칙 관련 영향력을 연구하고, 중화민족의 우수한 문화와 전통을 보호하고 선양해야 한다.

5. 사회주의제도 개선을 목표로 하는 점진적 전환 모델을 수립

20세기 1980년대 말 1990년대 초, 전통적인 계획경제에서 시장경제로 넘어갈 때, 소련과 동유럽의 급진적 개혁과 중국의 점진적 개혁의 두 갈래 길로 갈리게 되었다. 중국 경제개혁의 성공은 세계에 사회주의와 시장경제가 결합할 수 있다는 점을 명시했을 뿐만 아니라 실천 과정에서 중국 특색의 점진적 개혁의 길 내지 개혁 방식을 탐색해냈다는 것을 명시하였다. 이런 개혁방식은 주로 다음과 같은 특징이 있다.

- 위로부터 아래로 하는 방식과 아래로부터 위로 하는 방식을 상호 결합하였고 통일적인 영도를 견지한다는 선결조건 하에서, 제도 혁신 과정에서 기층 기구의 적극성과 창의력을 충분히 발휘시켰다.
- 계획경제에서 시장경제로 넘어갈 때 증가에 대한 부분을 우선시했다. 계획과 조율을 보류하는 전제하에 새로 증가하는 자원 중에서 시장 조절 비중을 점차 확대하는 방식을 통하여 시장경제로 안정되게 넘어갔다.
- 전반적으로 조율하고 핵심을 연구하여 전국이 통일적으로 움직인다는 원칙을 전제하에, 분야를 분류하고, 기업을 분류하고, 지역을 분류하여 각자가 돌파하며, 부분으로부터 시작하여 전반에 걸쳐서 돌파하는 방식을 통하여 전반 경제체제 전환을 실현하였다.
- 개혁·성장·안정을 기본으로 개혁의 강도, 성장 속도, 사회 분위기를 통일하고, 사회 안정을 관리하면서 개혁과 성장을 추진하고, 개혁과 성장을 통하여 사회 안정을 추진하였다.
- 단계를 나누어 추진하고 순서에 따라 점진적으로 추진했으며, 과정을 거친 후 일반화하였다. 실천의 수요와 인식의 발전 수요

에 따라 구체적인 개혁 목표와 구체적인 사고의 방향을 끊임없이 조정하였다.

목표가 방법을 결정하고, 방법에서 목표가 생성된다. 개혁의 본질과 목표를 잊어서는 안 되고, 개혁 문제를 추상적으로 토론해서는 안 된다. 중국이 경제 개혁에서 점진적 방식을 취한 데는 근본적으로 말하면, 사회주의 시장경제라는 이 개혁 목표의 특수성 때문이다.

우선, 사회주의 시장경제는 사회주의 기본제도와 결합한 시장경제이므로, 개혁의 목표가 결코 사회주의 기본제도를 아예 부정하려는 것이 아니라, 제도 혁신을 통하여 전통적인 계획경제 체제의 폐단을 극복하고 사회주의 기본제도에 새로운 활력을 주입하려는데 있다. 중국경제 개혁의 이 같은 근본적 성질이, 필연적으로 온화하고 점진적인 방식과 과정을 선택하도록 결정했다. 신구 체제 간에는 옳고 그름이 확실하여 분명히 대립되는 것이 아니라 뚜렷한 연속성과 계승성이 있으며, 두 체제의 전환은 수많은 구체적인 단계를 거쳐야 하고 수많은 중간 절차를 거쳐야 하며, 수많은 중간 형식을 취해야 한다.

다음, 중국은 현재 사회주의 기초 단계에 있으므로 시장 발육이 사회제도의 규제를 받고 시장 메커니즘 역할이 사회제도의 규제를 받을 뿐만 아니라 경제성장 단계의 규제를 받고 있으므로 상당히 긴 시기 동안 분업이 소루하고 구조가 간단하며, 정보 소통이 원활하지 못하고 인프라시설이 빈약하며, 도시와 농촌의 격차가 크며 여러 가지 요소의 제약에 직면하게 된다. 중국의 시장화와 공업화는 체제 유형에서의 전환과 성장 유형에서의 전환이 결부되어 있다. 따라서 시장경제의 형성과 성장에 있어서 꽤나 긴 역사적 과정을 거쳐야 하므로 중국의 개혁은 점진적으로 진행 될 수밖에 없다.

　다음, 사회주의 시장경제는 신형의 시장경제이므로 구체적인 의의와 실현 형식에 있어서 선험적이거나 고정불변한 것이 결코 아니라 부단히 변화하고 발전하는 과정에 있으므로 일정한 불확정성을 가지고 있다. 사실, 개혁의 목표를 처음부터 사회주의 시장경제라고 분명하게 확립한 것이 아니라, 계획경제로부터 상품경제에 이르는 장기적인 과정을 거치면서 탐색하고 확립하였다. 사회주의 시장경제체제 개혁 목표를 확립하였다고 개혁 목표 관련 모든 문제를 손쉽게 해결할 수 있는 것이 아니므로 이미 형성된 사회주의 시장경제를 보다 개선할 필요가 있다.

　때문에 중국의 점진적 개혁, 소련과 동유럽의 급진적 개혁의 근본적 구별은 시장화의 방식이나 방법에 있는 것이 아니라 개혁의 질과 목표에 있다. 중국의 점진적 개혁의 목표는, 사회주의 제도를 개선하는 것이지만 소련이나 동유럽의 급진적 개혁의 목표는, 사회주의 제도를 부정하는 것이다.

6. 중국경제모형의 본질과 의의

　중국경제의 성장의 길과 성장 유형에 있어서 서술한 몇 가지 특징들은 상호 연관된 유기적인 총체를 이룬다. 중국의 경제 유형을 기본 제도의 각도에서 볼 때, 공유제를 주체로 하는 여러 가지 소유제 경제가 공동 발전한다. 이 기본 제도는, 경제체제 면에서는 사회주의 시장경제의 체제에서 구현되고, 대외개방 면에서는 독립자주적인 대외개방 전략에서 구현되며, 경제성장 면에서는 과학적 발전의 길에서 구현되고 있다. 이런 상호 연관된 내용들이 한 점에 집중하면 바로 중국 특색의 사회주의 경제건설이 된다. 중국공산당 창립 90주년 경축대회에서 한 연설에서 후진타오 당 총서기는 "90년간의 분투를 거쳐 창조하고 누적한 것들을 당과 인민들은 반드시 소중히 여기고 장기간 보유하며, 이를 지속적으로 발전시킨 성과가 바로 중국 특색의 사회주의 길을 개척하고, 중국 특색의 사회주의 이론 체계를 구축했으며, 중국 특색의 사회주의 제도를 확립한 것이다"고 밝혔다. 이른바 중국의 길과 중국 유형이란, 근본적으로 말하면, 중국 특색의 사회주의 길, 이론과 제도이며, 이른바 중국의 길과 중국 유형이란 우리나라 국정에 부합되고 중국 대지에 뿌리 내린 과학적 사회주의를 말한다.

인류 역사의 발전 과정에서 중화민족은 여태껏 단지 문명의 모방자나 추종자 역할만 한 것이 아니고 인류를 위해 발명하고 창조하고 기여해야 한다. 중국 유형은 형성에 있어서, 경제 현대화와 시장경제성장의 일반 법칙을 구현했을 뿐만 아니라, 중국의 특수한 제도 · 국정 · 역사 단계의 요구, 중국공산당과 중국 인민들의 힘들고한 탐색과 위대한 실천도 나타냈다. 따라서 중국 유형은 일반 법칙을 존중했을 뿐만 아니라 창의적 정신이 넘치며, 특수성이 있을 뿐만 아니라 보편적 가치도 가지며, 민족의 것 뿐만 아니라 세계의 것이기도 하다. 중국의 경제 유형은 개발도상국이 공업화로 나아가고 시장화와 글로벌화로 나아가며, 경제성장을 이룩하고 제도 혁신을 실현하는데 새로운 길을 개척했으며, 일종의 새로운 가능성을 열어놓았다. 동시에 인류의 진보와 사회주의 부흥에 광명과 희망을 가져다주었다. 1956년, 마오쩌둥은 "쑨원 선생을 기념하여"라는 글에서 "중국은 마땅히 인류를 위해 보다 큰 기여를 해야 한다. 이런 공헌을 하기에는 과거의 시간 동안 너무 적었다. 이는 우리를 부끄럽게 한다."(「마오쩌둥 문집」7권 157페이지, 인민출판사, 1999년 판)고 밝혔다. 1987년, 덩샤오핑은 한 외국 지도자를 회견할 때 "다음 세기 중엽에 가서 우리는 중진국 수준에 이를 수 있을 것이다. 만약 그 수준에 이른다면 첫째, 무척 어렵고도 막중한 과업을 완수한 것이며, 둘째, 인류를 위해 명실상부하게 기여를 한 것이며, 셋째, 사회주의 제도의 우월성을 더욱 잘 구현한 것이 된다.", "이는 세계 총 인구의 4분의 3을 차지하는 삼세계를 위해 한 갈래 길을 개척한 것으로 될 뿐만 아니라 더욱 주요한 것은 세인들에게 사회주의는 필연적인 길이며, 사회주의가 자본주의보다 우월하다는 것을 표명해준다"고 예시했다. 현재, 중국 인민들이 용왕매진하는 진취적인 정신과 규모가 크고 기세가 높은 혁신과 실천으로 부강하고 민주적이고 문명하고 조화로운 사회주의 현대화 국가를 건설하는 길에서 약진하고 있는 이때, "우리 유형의 성공은 중화민족이 인류 문명의 발전에 대한 큰 기회가 될 것이다"고 말할 수 있지 않을까.

7. 기적을 이어갈 수 있을까?-중국경제모형이 봉착한 도전과 선택

중국이 경제개혁과 경제성장에서 세계가 주목하는 위대한 성과를 거두기는 했지만 개혁과 발전의 과업을 모두 완수한 것은 아니다. 중국의 경제 유형은 여전히 많은 새로운 모순과 도전에 봉착하였다.

경제 개혁의 각도에서 볼 때, 사회주의 시장경제 체제는 아직도 완벽하지 못하므로, 시장질서가 혼란하고 정부의 직무 전환 작업이 제대로 이루어지지 않고 있으며, 사회 관리와 공공 서비스 기능이 빈약하고 공평과 정의가 보장이 잘 안 되고, 사회보장 시스템이 완벽하지 못하며, 도시와 농촌 체제 분할 문제 그리고 부패현상이 심각하게 문제되는 등 여러 사안이 존재하고 있다.

경제성장의 각도에서 볼 때, 성장방식이 거칠고, 생태환경이 악화되고 있으며, 자원과 에너지 소모가 크고, 자주 혁신 수준이 낮으며, 경제성장에서 수출에 지나치게 의존하고, 도시와 농촌의 격차가 심각한 문제가 존재하고 있다. 이 같은 문제들은 중국경제의 장기적이고 지속적인 성장에 엄청난 부담으로 작용할 수 있다.

대외개방의 각도에서 볼 때, 대외무역 의존도가 지나치게 높고 대외무역 수익은 낮은 등의 문제가 존재한다. 동시에 중국이 경제 글로벌화 진행 과정에 합류함에 따라 중국경제에 대한 세계적인 경제 파동과 금융위기의 영향이 뚜렷이 증가하고 있어서 국가경제 안전을 수호하는 과업이 한층 막중해졌다.

중국 특색의 사회주의 경제 각도에서 볼 때, 사회주의 기본 제도와 시장경제가 체제와 메커니즘이 아직 완벽하지 않아, 글로벌화와 시장화의 조건하에서 어떻게 하면 공유제의 주체적 지위를 좀 더 개선하고 국유경제의 주도적 지위를 개선하며, 어떻게 하면 비 공유제 경제의 안정적인 성장을 촉진할 것인가 하는 등 많은 난제들에 있다.

이 같은 문제들을 어떻게 해결할 것인가에 대한 사람들의 인식이 다를 뿐만 아니라 전통적인 계획경제사상, 사회민주주의, 대중인기영합주의, 신우파주의, 후대현대주의, 포스트모더니즘 등의 관념들이 다양한 범위에서 존재하며 또 해결책에 영향을 주고 있다. 20세기 70년대 이후, 사유제만 숭상하고 공유제를 폄하하며, 시장 조정만 숭상하고 정부 관여를 폄하하며, 글로벌화만 숭상하고 국가 이익을 폄하하며, 효율만 숭상하고 공평경쟁을 폄하하며, 자본 주권만 숭상하고 노동 주권을 폄하하며 비교 우위만 숭상하고 자주 혁신을 폄하하며, 서방식 민주주의만 숭상하고 사회주의 민주를 폄하하며, 이른바 보편적 적용성만 숭상하고 중국의 특수성을 폄하하며, 서방 자본주의 성장의 역사 유형만 숭상하고 중국 특색의 사회주의 건설의 역사와 경험을 폄하하는 일종의 경향이 세계적으로 유행되었는데, 이런 경향은 국내 학술계에도 상당한 영향을 미쳤다. 이런 경향은 신자유주의의 관점이다.

신민주주의 관점에 따르면, 중국의 개혁이 성공할 수 있는데는 이른바 사유와, 자유화와 국제화를 실행하기 때문이며, 중국 개혁에 문제가 존재하는 것도 바로 사유화, 자유화, 국제화 정도가 낮고 공유제 경제와 국유경제의 비중이 지나치게 크며, 정부 관여와 사회 조정이 지나치게 많고, 국제와 접목이 잘 이루어지지 않으며, 정체체제 개혁이 정체되었기 때문이다. 따라서 개혁을 심화하여 정부의 관여와 사회 조정을 줄이거나 취소해야 하고, 국유기업을 철저히 사유화해야 하며, 국제 경제와의 접목을 가속화해야 할 뿐만 아니라 서방식 헌정체제를 점차 도입하여 자유시장의 작용을 위해 정치적 토대와 법률적 토대를 마련해야 한다.

소련과 동유럽의 급진적 개혁의 비참한 결과, 라틴아메리카주의 "신자유주의 신화"의 파멸과 날로 심각해지는 자본주의 국제 금융위기는, 신자유주의의 철저한 실패를 선고했다. 신자유주의가 추앙하는 전면적 사유화, 조정과 통제를 받지 않는 자유시장, 그리고 자본의 글로벌화와 금융화는 자원을 합리적으로 배치할 수 없고, 경제의 지속적인 변영과 사회의 공정한 정의를 실현할 수 없다. 도리어 신자유주의는 노동과 자본의 대립을 초래하고. 재 점유로 인한 양극분화를 초래할 수 있으며, 금융 독점 자본이 대중의 이익을 빼앗아 심각한 손해를 초래할 수 있다. 중국 개혁개방의 성공은, 비국유경제의 성장에 도움을 주었을 뿐만 아니라 시장 작용의 확대와 대외개방의 심화에도 도움을 주었으며, 동시에 당과 국가에서 정확한 노선, 방침, 정책을 정하는데 도움을 주었으며, 공유제의 주체적 지위, 사회 환경 안정, 효과적인 거시적 조정, 적당한 행정 관여, 현명한 전략과 정책을 강력하게 조직하고 조율하는데 도움을 주었다. 경제적 각도에서 볼 때, 중국 개혁개방의 가장 근본적 특색과 가장 근본적인 경험은, 사회주의 시장경제를 견지하고 발전시킨 점인데, 시장경제 발전과 사람을 근본으로 하는 방침을 결부한 점, 공유제를 주체로 한 여러 가지 소유제 경제가 공동 발전을 결부한 점, 국가의 주도적 작용과 시장 조정을 결부한 점, 효율 향상과 사회 공평성을 결부한 점, 독립자주와 경제 글로벌화를 결부한 것, 중앙 집권과 지방 분권을 결부한 점, 개혁 · 성장 · 안정을 결부한 점, 여러 가지 경제 정보에 민감한 등 시장의 장점을 충분히 발휘한 점, 동시에 사회주의 제도와 거시적 조정을 통하여 시장경제의 맹목성과 자발성 등 약점과 소극적인 면을 극복하고 사회주의 우월성과 시장경제의 장점을 더욱 잘 결부한 점이다. 이 것이 바로 중국의 길과 중국 유형의 본질이며, 또한 중국의 개혁과 발전이 성공한 근본적 경험이다.

새로운 역사적 조건에서, 반드시 중국 특색의 사회주의 길과 중국 특색의 사회주의 이론 체계를 유지해야 할 뿐만 아니라 현실적인 변화와 요구에 따라 중국 유형의 구체적인 내용을 적시적으로 조정하여 새로운 활력과 창의력을 주입해야 한다.

경제체제 개혁을 점차 심화하고, 시장 메커니즘의 기초적 조정 작용을 충분히 발휘함과 동시에 사회주의 경제 기본 제도를 끊임없이 공고히 하고 개선해야 하며, 개혁을 심화하는 하여 공유제 경제의 관리시스템을 개선하고 공유제 효율을 향상함으로써 공유제 경제가 거시적 경제를 안정시키고 경제구조를 조정하며 자주 혁신을 추진하고 조화로운 사회를 실현하는 등 적극적으로 보다 잘 발휘하도록 해야 한다. 동시에 비공유제 경제의 안정적인 성장을 격려하고 이끌어주고 지지해야 한다. 사회주의 우월성과 시장경제의 장점을 보다 잘 관리하여 효율을 높이고 과학적 발전에 이로운 체제로 구축해야 한다.

경제의 지속적인 급성장을 추진하는 동시에 과학적인 부분에도 발전을 해 세계 경제가 하락하는 기회를 포착하여 경제성장방식을 하루빨리 전환해야 한다. 사회 공정성을 중시하고 사회적인 부분에도 치중하며, 경제 구조를 최적화하고 자주혁신을 강화하며, 전략적 자원을 개발하고 인프라시설을 개선하며, 체제 혁신을 추진하고 국방력을 증강하며, 행태환경을 보호해야 한다. 특히 체제 혁신을 통하여 생산을 격려하고 창업을 격려하며, 투자를 격려하고 취업을 격려하여, 사람을 근본으로 하는, 지속 가능한 발전을 전면 협조하기 위한 토대를 마련함으로써 국민경제가 새로운 단계에 오르고 도약식(跨越式) 성장을 하는데 강력한 동력을 제공해야 한다.

대외개방을 확대하고 경제 글로벌화에 적극 참여하는 동시에 독립자주, 자력갱생하는 방법에 연구하고, 국가 이익을 수호하고 증진하는 것을 자신의 힘에 의존하는데 두어야 한다. 국가의 경제를 수호하고 금융안전을 수호하기 위해 노력하며, 개방 구조를 최적화하여 외자 유치의 질을 향상해야 한다. 언제나 내수 확대를 경제성장의 기본 지향점으로, 전략적 방침으로 해야 하며, 경제 글로벌화 조건하에서 국제 경제 협력에 참여하고 새로운 경쟁에 참여할 수 있는 분위기를 조성함으로써, 글로벌화 조건하에서 안정적으로 발전하고 자주적으로 발전할 수 있도록 노력해야 한다.

현재 날로 심각해지는 세계 금융위기는, 중국의 성장 유형에 전례 없는 어려운 도전을 해오고 있을 뿐만 아니라 중국 유형을 조정하고 혁신하는데 만나기 어려운 기회를 제공해주었다. 검증과 시련을 거쳐 중국 유형의 의미와 생명력이 앞으로 한결 충분하게 드러나게 될 것이다.

제2장

중국 특색의 정치발전과정에 관한 탐색과 경험

    덩샤오핑이 영도한 "2차 혁명"은 경제 체제상에서 구현되었을 뿐만 아니라, 정치 분야에서도 구현되었다. 중국공산당 11기 3차 전원회의가 소집되기 전인 1978년의 "실천은 진리를 검증하는 유일한 기준이다"라는 사상 해방운동을 시작으로 하여, 중국공산당은 일련의 정치개혁을 진행했다. 아울러 중국 특색의 정치발전의 길을 확정하였다. 중국 특색의 정치발전의 길에 대한 탐색은 우리 체제 내의 변혁과 체제 외의 변혁에 가능성을 부여했으며, 동시에 정치건설에서의 거대한 성과를 상징한다. 중국 특색의 정치발전의 길, 그리고 그 길에서 이룩한 성과는 우리가 중국 정치개혁을 총결하는데 중요한 경험을 제공해주었다.

1. 정치개혁과 중국 특색의 정치발전의 길 탐색

    1980년대부터 오늘에 이르기까지. 우리나라의 정치개혁을, 80

년대의 당정(黨政)을 분리하기 위한 정치개혁, 90년대 이후의 당의 집정능력을 강화하기 위한 정치건설, 새로운 세기의 중국 특색의 정치 발전의 길에 대한 탐색 등 3개 단계로 나눌 수 있다.

1) 당정 분리

'문화대혁명' 이후의 정치 상류층은 두 가지 부류의 사람들로 조성되었다. 한 부류는 덩샤오핑을 대표로 하는 '문화대혁명'의 속박에서 벗어난 간부들, 한 부류는 화궈펑(華國鋒)을 대표로 하는 '문화대혁명'을 연장하려는 역량이었다. '문화대혁명'을 연장하려는 역량에 대해서는 사상을 해방하는 방식을 통하여 그들을 변경할 수 있었지만, '문화대혁명'의 속박에서 벗어난 간부들에 대해서는 어떻게 변경을 해야 할지 해결책이 서지 않았다. 당시 '문화대혁명'의 피해를 본 오랜 간부들에게는, '문하대혁명'과 같은 비극이 더는 생겨서는 안 된다는 정치적 공통인식이 있었다. 이 같은 배경 하에서, 덩샤오핑이 1980년 정치국 회의에서 한 유명한 연설 즉 "당(중국공산당)과 국가의 영도 제도에 대해 개혁해야 한다"는 연설은 정치체제 중 "모든 병의 근원"인 "권력이 지나치게 집중된 현상"을 예리하게 분석했으며, 당정이 구분하지 않는 "통일된 영도"로 인한 관료주의 폐단을 지적하였다. 이 연설은 80년대 정치개혁의 지도사상을 형성했다고 할 수 있다.

80년대 전반에 걸쳐 정치개혁과 경제개혁이 동시에 진행되었다. 1987년 중국공산당 13차 당 대표대회에서는 정치체제 개혁을 기획했다. ① 정부부처의 당조(黨組)를 취소한다. ② 정부기구와 중복되는 당위위원회의 기능을 취소한다. ③ 중국공산당 중앙위원회 정법위원회를 취소하고, 중국공산당 중앙위원회 정법위원회를 중국공산당 중앙위원회 정법 지도팀으로 개설(改設)한다. ④ 중국공산당 중앙위원회 기율검사위원회 기능을 개혁하여 더는 형사적 기능을 구비할 수 없게 한다. 전반적 정치개혁의 핵심이 당정을 분리하려는데 있다는 것을 알 수 있다. 그 목적은 정부가 더욱 자주성을 가지게 하고, 사법기관이 독립적으로 재판하는 원칙을 확실하게 실행하는 것이었다. 또한 최초로 개혁개방이 몰고 올 사회구조의 전환과 그로 인한 게젤샤프트가 직면하게 될 현실을 인정한 것이다.

중국공산당 13차 당 대표대회 이후, 각급 정치개혁을 순서대로 추진하였으며, 1987~1988년 임기 교체를 위한 선거를 할 때 20여 개 성과 직할시에서 부성급(차관급-역자 주) 지도 간부들을 경쟁 선거케 하였다.

1989년에 일어난 정치풍파에서 중국공산당은 시련을 이겨냈다. 하지만 기타 사회주의 국가 및 그 정당의 운명은 도리어 완전히 달랐다. 글로벌화 시대에 체제의 유사성과 상호작용으로 한 국가의 일이 흔히 국제적인 사건으로 변화 발전하였다. 중국의 정치풍파 이후, 우선은 동유럽에서, 이어서 최초의 사회주의 국가인 소련에서 급변이 일어났으며, "베를린 장벽"이 무너지는가 하면, 소련공산당이 붕괴되고 소련 연방이 해체되었다. 1989년의 정치풍파와 잇따른 소련 해체는 중국공산당이 "어떤 길을 선택해야 할지"를 고민하지 않을 수 없었다.

2) 당의 집권능력 신장을 강화하였다

비록 "당의 집권 능력 신장을 강화"하는 것은 2004년 9월, 중국공산당 19기 4차 전원회의의 중심 의제이기는 했지만, 1989년의 정치풍파와 1991년 소련의 해체가 오히려 "당정 분리"에서 "당의 집권능력 신장을 강화"하는 데로의 전환점이 되었다. "당의 집권능력 신장을 강화하는 것에 관한 중공중앙의 결정"에서 밝혔다시피, "당의 집권적 지위는 본래부터 가지고 있었던 것이 아니며, 한 번 고생했다고 하여 오랫동안 편안히 지내며 지켜낼 수 있는 것도 아니다." 이 같은 판단은 국제공산주의 운동의 총화일 뿐만 아니라 현실적 도전을 겨냥한 것이기도 했다.

위로부터 아래까지 정치개혁이 경제 개혁보다 뒤처져 있을 때, 경제 개혁으로 인하여 민간조직은 오히려 번영했으며, 자발적인 자치제도가 신속하게 성장했다. 이는 엄청난 정치발전이라고 할 수 있었다.

특정시기 체제적으로 당의 조직제도를 공고히 하는 것은 당연한 일이며, 또한 이해할 수 있는 일이다. 하지만 반드시 경제체제에 부합되는 정치제도를 모색해야 했다. 몇 년간의 탐색을 거쳐 1997년 중국공산당 15차 당 대표 대회에서 "법에 의한 국가통치"(依法治國) 방침을 확정했으며, 이어서 "정치 문명"이라는 방침을 제안했는데, 양자는 상부상조하는 관계였다. 과거의 '법제'가 오늘날의 '법치'로 전환하고, "칼로 다스리"던 것으로부터 "물로 다스리"(水治)는 것으로 전환하였다. "정치문명"이란 한마디로 말하면 "법치문명"이며, 이러한 헌정사상은 중국의 언어 환경상 특별한 표현이었다. "법에 의한 국가통치"와 "정치문명"은 관념상의 갱신일 뿐만 아니라 제도적인 혁신으로 표현되었다. 중국공산당 15차 당 대표대회 이후 정부행위 중의 책임제가 날로 늘어났고, 경찰은 "법에 의한 경찰통치" 하에서 절차에 따라 엄하게 처사한데서 기층 부서에서의 "경찰과 범죄자는 한 통속"이던 현상이 크게 줄어들었다. 따라서 정치적인 많은 조치가 사회주의 시장경제 체제의 건설을 보장해주었다.

경제적 토대의 변화는 상부구조의 변화를 초래하기 마련이다. 상부구조의 변화는 두 가지가 있었는데, 피동적인 변화는 혁명방식이고, 능동적인 변화는 개혁방식이었다. 시대의 발전에 동조하는 중국공산당은 개혁을 선택했는데, 2002년 중국공산당 16차 당 대표 대회에서 "세 가지 대표"라는 중요 사상을 당 규약에 수록하였다. 가장 선진적인 생산력을 대표한다는 것은, 여러 가지 형식의 경제체제가 공존하는 현실을 수용한다는 뜻이고, 가장 선진적인 문화를 대표한다는 것은, 문화의 다양성을 인정한다는 뜻이며, 가장 광범위한 인민대중들의 근본적 이익을 대표한다는 것은, 중국공산당이 노동자계급의 선봉대일 뿐만 아니라 전국 각 민족의 선봉대이며, 당의 대중적 토대를 전통적인 노동자, 농민들로부터 새로운 사회계층으로 확장한다는 뜻이었다.

"세 가지 대표"라는 중요 사상은, 비교적 중요한 정치적 결정체였다. 역사적으로 많은 혁명이 바로 낡은 체제가 신규 세력을 수용하지 못하고, 체제 밖에서 혁명을 진행하도록 강요하는 바람에 궁극적으로 정권 붕괴를 유발했다. 이러한 각도에서 말하면, "세 가지 대표"라는 중요 사상은, 중국공산당이 역사적 경험을 파악했다는 뜻일 뿐만 아니라, 스스로 강대한 생명력을 가지고 있다는 뜻이기도 하였다.

3) 중국 특색의 정치발전의 길

2004년 "당의 집권능력 신장을 강화해야 한다"는 방침이 제기되자 이익 구조에 심각한 변화가 생겼고, 사람들의 관념에도 심각한 변화가 생겼다. 따라서 집권당은 전례 없는 도전에 직면했을 뿐만 아니라 전례 없는 기회를 맞이하기도 했다. 이익 구조가 변화고 사람들이 관념상에서 혁명적인 변화가 생김으로 인하여 통치형식에도 중대한 변화가 생겼다. 21세기 초 자치를 목적으로 하는 촌민선거가 이미 전국적으로 전개되었고, "공개적으로 추천하고 공개적으로 선출"하는 새로운 형식의 당내 민주도 일사분란하게 추진되고 있어서 민주는 이미 보편적인 요구가 되었다.

2007년 중국공산당 17차 당 대표 대회 보고에서, 개혁개방 30년 동안의 상황과 경험, 특히 근대의 중국 정치발전의 기본 상황과 기본 경험을 체계적으로 정리하면서 최초로 중국 특색의 정치발전의 길을 분명하게 보여주었다. 즉 인민대표대회 제도, 다수 정당 합작제도, 민족 구역자치제도, 기층 민주자치제도의 토대 위에서 당내 민주로 인민민주를 선도하여 사회주의 민주정치를 실현하였던 것이다.

그렇기 때문에 중국 특색의 정치 발전의 길을 한 마디로 말하면, 어떻게 사회주의 민주정치를 건설하느냐 하는 문제였다. 중국공산당 17차 당 대표대회 보고에 따르면, 우리나라 민주정치의 건설은, 국가 권력기구의 민주정치 건설을 추진하는 것, 당내의 민주건설을 적극 추진하는 것, 기층의 민주를 발전시키는 것, 정책 입안에서의 과학화와 민주화를 추진하는 것, 정책 입안체제를 개선하는 것, 감독 메커니즘을 개선하고 규제하는 것 등의 주요 내용이 포함되어 있었다.

2. 정치개혁과 정치 건설의 주요 분야

30년 여의 정치개혁과 정치 건설을 거쳐 중국의 정치적 면모는 엄청난 변화를 가져왔다. 일부 분야는 심지어 혁명적인 변혁을 가져왔는데, 주로 당과 국가의 영도 체제, 행정관리체제, 중앙과 지방 관계, 그리고 국가와 사회적 관계에서 구현되었다.

1) 당과 국가의 영도체제-제도화와 법제화의 방향으로

인치(人治)의 표지는 지도적 직무의 종신제, 그리고 정책과정에서의 인격화(人格化, 개인의 의지 표현)였다. 이는 개방 전의 보편적 현상이었다. 1980년대부터 시작하여 우리나라는 당과 국가의 영도체제를 점차 회복 개선하였고, 또한 제도화와 법제화의 방향으로 추진하기 시작했다. 당과 국가의 영도체제는 우리나라 정치체제의 하나의 통칭인데, 당 조직 자체를 비롯하여 당과 인민대표대회, 당과 군대, 당과 정부, 당과 사법, 당과 사회 등 여러 분야와 관계되었다. 총체적으로, 당과 국가의 영도체제 변화는 주로 다음과 같은 몇 가지 면에서 체현되었다.

첫째는 정년퇴직 제도였다. 앞에서 언급했듯이 1985년 중국공산당 사상 최초로 집단 정년퇴직 제도를 시작하였다. 1989년, 덩샤오핑의 은퇴는 중국이 공식적으로 최고 지도자의 직무 종신제에서 벗어난 것임을 의미하는 것이었으며, 또한 향후의 정치 발전을 위한 토대를 닦아놓은 것이었다. 2002년 중국공산당 16차 당대표 대회에서 장쩌민을 핵심으로 하는 3세대 중앙 지도자들이 일제히 퇴임했는데, 이는 당내 직무 임기제도가 정식으로 확립되었음을 의미하는 것이었다.

둘째, 당의 의지의 법률화였다. 덩샤오핑이 1980년에 "당과 국가의 영도제도의 개혁"이라는 연설을 발표한 후, 중국공산당 중앙위원회는, 각급 당위원회에서 당의 명의로 법률적 문건을 반포하는 행위를 두절시켰으며, 인민대표대회에서나 인민대표대회 상무위원회에서 심의하고 결정해야 하며 헌법이나 법률이 규정한 사항에 대해서는 반드시 인민대표대회나 인민대표대회 상무위원회의 심의와 결정을 거쳐야 했다. 각급 당위원회에서 간부 인선을 하려고 심사하고 통과시킬 때 법률적 절차가 필요할 경우, 반드시 인민대표대회와 인민대표대회 상무위원회 성원들의 의견을 존중하도록 했다. 국가 지도자에 대한 임면은 반드시 헌법과 법률이 규정한 절차에 따라 엄하게 처사해야 했다.

셋째, 법에 따라 행정사무를 수행하는 책임제 정부를 수립했다. 다년간 당 중앙과 국무원에서 일련의 조치를 강구하여 법에 따라 행정사무를 보는 것을 확실하게 추진하면서, 법치정부 건설의 발걸음을 끊임없이 가속화하였다. 현재 각급 정부에서는 행정권력을 행사하는 것을 점차 법치적 궤도에 올려놓고 있으며, 정부의 권력을 규범화하고 운영하는 법률제도를 기본적으로 형성함으로써 법에 따라 행정사무를 보고 책임제 정부를 건설하는 등 중요한 진척을 보여줬다.

당과 국가의 영도체제를 개혁하고 구축하는 과정에서, 인민대표대회의 직무능력에 대해 입법을 하는 것만 그치게 한 것이 아니라 감독 직능을 강화하는데도 힘을 기울였다. 중국공산당이 사회적 제도를 구축하고 있는 다수정당의 협력제도를 실행함에 있어서, 당(중국공산당)외의 인사가 중요한 지도자 직에 위임되게 함으로써 세인의 주목을 받았다. 이밖에 당내 민주 발전과 당의 간부 관리제도가 투명해지고 공개화되었으며, 기업과 사업단위의 자주권이 확대된 것 등 모두가 당과 국가의 영도체제가 법치화로 발전하고 있다는 증명이 되었다.

2) 행정개혁 : 정부의 자기 혁명

'문화대혁명'이 종료된 후, 질서를 회복하는 과정에서, 국무원 소속 부처가 가장 많을 때는 100여 개나 되었다. 이는 계획경제의 산물로서, 어떤 업종이 있고 어떤 제품을 생산하면 그에 해당되는 주관

부처를 개설했기 때문이었다. 이 같은 상황은 개혁개방을 하는데 적합하지 않았으며, 특히 사회주의 시장경제의 요구에 부합되지 않았다. 따라서 개혁개방 이후, 우리나라는 여러 번 기구에 대한 개혁을 했을 뿐만 아니라 대부문제(大部門制)를 건립해야 한다고 명확히 제안했다.

행정개혁은 기구 조정만 포괄된 것이 아니라 정부의 직능 전환과 정부의 행위 전환도 포괄되었다. 시장경제에 순응하는 과정에서, 우리는 한때 기업식 정부가 유행되었는데, 지금은 오히려 서비스식 정부를 제안하고 있다. 어떤 유형의 정부이든 간에 가장 중요한 것은 정부 행위의 법치화이다. 최근 몇 년 동안, 우리나라 정부의 법치화는 입법의 공개화. 행정정책 제정의 순서화, 행정 허가제도의 개혁, "행정 허가법" 실시 등에서 구현되었다. "행정 허가법"을 실시하는 토대 위에서 행정 허가제도 개혁을 추진하여 행정 허가 절차를 줄이고 규범화하였다. 2007년 10월까지, 국무원에서는 네 번에 나누어 1,992건의 행정 허가정책을 조정하고, 각 성급 정부에서는 22,000여 건의 행정 허가정책을 취소하거나 조정했는데, 이는 기존의 심사 허가 정책의 반수 이상을 차지한 셈이었다.

정부 행위의 법치화는 정부가 적극적으로 요구를 제기한 결과일 뿐만 아니라 "자기 혁명"이며, 또한 각종 압력으로 인한 선택이자 진보적 결과였다.

3) 중앙과 지방의 관계 : 정치 단일제와 경제 연방주의

개혁개방을 하기 전에 중국은 전형적인 단일제 국가였다. 정치적으로, 중공 중앙 조직부에서는 사 · 국 급 이상의 모든 간부들을 직접 관리했고, 재정적으로는, 일률적으로 징수하고 지급했으며, 관리

권한에서는, 한 도시에서 화장실 하나 만드는 것마저 부관 부처의 허가를 받아야 했다. 개혁개방은 정치 단일제와 경제 연방주의라는 정치와 경제의 이원화 태세를 형성하였다.

오늘날 중국의 정치와 경제는 이미 이원화 추세가 나타났다. 중앙과 지방의 관계를 가늠하는 가장 핵심적 지표 체계가 재정 체제라는 점을 우리는 알고 있다. 계획경제시대의 일률적으로 수금하고 지급하는 "평균주의 분배" 방식의 재정으로부터 1980년대의 "중앙과 지방이 수지(收支)를 나누는 재정 도급 체제", 그리고 1994년 이후 전국적으로 실행한 세금 분배제도(分稅制)에 이르기까지, 중국 재정 체제는 혁명적인 변화를 가져왔다. 이 같은 재정체제 하에서, 지방정부는 과거의 대리인 역할을 하던 것에서부터 오늘날의 이익 주체 역할을 하고 있고, 시장(市場)은 과거의 보조적 역할을 하던 것으로부터 오늘날에는 주도적 역할을 하고 있으며, 이미 하나의 신규제도를 구축하였다. 이 같은 제도나 이와 유사한 제도적 구축을 이론적으로 "재정 연방주의", 혹은 "경제 연방주의"라고 일컫는다.

정치와 경제의 이원화 구조는 국가 관리에 새로운 도전을 초래했는데, 전통적으로 "층층이 관리"하던 것으로부터 "현지에서 관리"하는 새로운 문제에 직면하였다. 즉 연방주의적인 재정 하에서의 지방정부이다. 더욱 심각한 문제는, 정부가 등급에 근거하여 그에 상응하는 부문을 설치해야 한다는 원칙에 따라, 경제 연방주의는 지방정부의 행정관리 권한을 대대적으로 보강하였다. 이 같은 상황에서 일부 부문은 지방주의 이익을 보호하는 도구로 되어 국가권력의 기반이 되는 경제적 자원을 직접 산실(散失)케 하거나, 심지어 법률의 권위를 떨어뜨리기도 했다.

이러한 문제를 처리하는 방안에는 적어도 세 가지가 있었다.

첫째, 행정 개혁을 진일보 전개하여 "층층이 관리"하는 관계를 합리적으로 조절하는 방안이다. 이는 이미 상투적인 말로 여전히 이 방법으로는 문제를 바로잡지 못하고 있다.

둘째, 계획경제 체제하에서 기구를 설치할 때 중앙으로부터 지방에 이르기까지 상응하는 주관 부문을 모두 설치하는 방법을 변화시켜야 한다는 방안이다. 시장경제의 조건하에서 지방, 시, 현 급의 경제관리 부문은 이미 존재할 필요가 없게 되었다. 하나는, 시와 현 급의 국유기업이 얼마 되지 않은데서 그런 국유기업을 위하여 설치한 업종별 주관부문과 생산별 주관부문도 유명무실해졌기 때문이다. 또한, 경제 운영이 날로 국가의 거시적 조정 정책에 의존하고 있으므로 지방정부의 직능을 대폭 감축할 필요가 있기 때문이었다. 유감스러운 것은 전통적 사유의 영향으로 말미암아 일부 신설한 기구, 예컨대 국가농업개발은행(정책은행의 일종-역자 주) 지점 같은 것을 현에까지 설치하는 예상 외의 일이 벌어졌다. 중앙으로부터 지방에 이르기까지 관리 부문을 모두 설치하는 방법은 정부기구를 팽창시켰을 뿐만 아니라 지방정부의 재정을 "공무원들을 먹여 살리는 재정"으로 만들었으며, 많은 지방의 직능기구를 사실상 지방 보호주의의 도구가 되게 했다.

셋째, 적당하게 거두어들이고 풀어놓는 방안이었다. 권력을 이양할 것은 이양하는 것인데, 예컨대 지방의 행정관리 권력 같은 것이 그것이다. 권력을 집중할 것은 집중하는 것으로, 예컨대 국가의지의 집행기구로서의 사법이나 집법 분야 같은 것이다. 우리의 개혁은 분권(分权)을 논리적 기점으로 잡았고, 또한 끝까지 일관화하였다. 하지만 일부 분야로 말하면 분권을 세분화할수록 좋은 것이 아니라 집중해야 했다. 경제 분권과 행정관리 권력을 이양할 때 사법분야와 집법분야는 권력을 집중할 필요가 있었다. 행정관리 권한은 흔히 지방성이 강하기에 이양할 필요가 있었지만, 법률은 국가의 의지가 다분하므로 집중할 필요가 있었다. 단일제 국가인 중국은 물론이고 전형적인 연방제 국가인 미국도 사법과 집법분야의 권력이 모두 집중되어 있으며, 지방이 아니라 주로 국가적 의지를 구현하고 있다. 사법체제와 환경보호 같은 집법체제는 최소한 인민은행 계통처럼 새롭게 구축하는 동시에 마땅히 다른 국가의 성숙한 경험을 참조해야 했다.

4) 체제 밖의 성장 : 국가와 사회의 신형 관계

국가는 사회를 기반으로 하기 때문에 국가는 국가로서 반드시 관리해야 할 사무가 있고, 사회는 스스로의 독립된 공간을 반드시 유지해야 하므로 국가와 사회 사이에는 마땅히 이에 상응하는 경계가 있어야 한다. 하지만 개혁개방 전에는 국가가 직장제도, 호적제도, 그리고 계획경제의 대표적인 수단인 식량 교환권(粮票)제도, 의료(衣料) 구매권 제도는 모든 국민들을 정치 · 경제 · 문화 · 군사 체제 속에 얽어매놓아 국가가 사회를 매몰시키고, 개인은 기본적인 자유와 창의력을 잃었으며, 국가도 그로 인해 활력을 잃었다.

개혁개방 이후, 경제구조와 사회구조의 변화와 국가 관리의 수요에 의해 당과 국가는 본디 엄격하게 통제하던 분야에서 점진적으로 해제하고 그 분야를 민간사회에 교부하여 자치권을 행사하게 했으며, 또한 일부 공통이익이 있는 집단을 묶어 사회단체를 편성하도록 허락했다. 정부 측의 통계에 따르면, 최근 연간 민간조직(주로는 사회단체, 민간에서 설립한 비수익조직, 재단 등 기구)이 급성장했는데, 1996년의 18만 4천 개에서 2010년의 44만 6천 개로 늘어났다.

새로이 생겨난 현대 사회조직으로서의 민간조직은 기본 자치를 하는 토대 위에서 국가와의 교류를 적극 진행했다. 아울러 민간조직은 법률 · 인력 · 자금 · 신용 · 지식기술 방면에서 어려움에 봉착했으며, 정치 과정에서 열세적인 위치에 처해 있었다. 개인의 힘이나 자원 상에서 요구하는 이익을 실현할 수 없는 상황이지만, 일부 공민들은 사회단체를 편성해 가지고 이용할 수 있는 자원을 이용하는 방법을 통해 정치 과정에 열심히 참여하면서 자기가 바라고 있는 이익을 호소하였다. 예컨대 체신법(郵政法) 초안을 심의하는 과정에서, 민영 속달우편업이 발달한 상하이의 여러 택배회사에서는 대표를 뽑아 베이징에 보내어 여러 관계부처와 교섭을 진행했다. 물론 중국의 정치과정에서 민간조직의 이익 요구사항을 정치시스템에 받아들일 수 있느냐, 어느 정도 실현할 수 있느냐 하는 것은 궁극적으로 정부의 의지에 달려 있었다. 그 요구가 실현됐든 실현되지 못했든 간에 이들 사례들은 국가가 사회보다 절대적 우위에 있으며, 결정권은 여전히 국가와 정부가 장악하고 있음을 입증했다. 이밖에 지방을 다스리는 과정에서, 특히 연해 발달지역의 일부 민간조직은 성원들의 이익을 집합하고 표현하는 역할을 하였다. 원저우(溫州) 상회에서는 특유의 조직 우위를 활용하여 공개적으로 현지의 사회 공공사무 관리에 개입하면서 국가적 역량보다는 다른 일종의 하의상달의 조직적 역량으로 부상했으며, 사회 운영, 심지어 정부에서 방책을 정하고 목표를 정하는데도 중요한 영향을 일으켰다.

신흥 민간조직이 중국정치에 끼친 영향보다 인터넷의 흥기가 중국정치에 끼친 영향에 대해 보다 관심을 가질 필요가 있었다. 다수의 국가와 마찬가지로 중국의 사회경제 전환과 경제성장은 인민의 참여를 선도했으며, 경제성장과 인민의 참여 요구 증가는 정부의 제도화 건설을 추진했다. 중국이 일찍이 선진국 문턱에 들어선 국가나 전환

국가와 다른 점은, 기타 국가와 유사했던, 정치-경제 관계가 기타 전환 국가가 봉착하지 않았던 인터넷 시대에 직면했다는 것이다. 인터넷이라는 역사상 유례없던 기술혁명은 중국의 정치 발전에 중대한 토대가 되었을 뿐더러 중국의 시민이 참여해 공전(空前)의 환경을 마련해 주었다.

인터넷의 출현은 공공분야의 리팩토링(새로운 기능 추가 없이 소스 코드의 조직적, 체계적 구조를 향상시키는 일련의 과정을 말함-역자 주)에 가능성을 제공해 주었다. 인터넷 공공분야의 여론은 때로는 막강한 힘으로 사건이나 인물에 중대한 변화를 촉구하면서 그 영향력을 과시하였다. 네티즌들의 인터넷 참여 화제는 주로 공공정책, 공민의 권리, 민족주의, 자기 이익, 그리고 정서 발산 등 여러 방면에 집중되었다. 공공정책, 공민의 권리, 민족주의를 에워싼 활동은 이상형 참여였다. 하지만 그 중에 울분을 발산하는 것도 빼놓지 않았다. 자기 이익을 수호하기 위한 참여는 일종의 전형적인 이익적 참여라고 할 수 있다. 순수한 정서를 발산하기 위한 참여는 울분 발산적 참여라 할 수 있다.

인터넷은 이미 중요한 공공분야로 부상했고, 심지어 신형의 시민사회 즉 인터넷 시민사회를 조성했다. 인터넷 시민사회의 가상세계는 네티즌들이 대규모로 정치에 직접 참여할 수 있는 중요한 전제조건이다.

상술한 정치관계의 변화는, 더는 전통적인 일부 정치학 개념 예컨대, 권위주의, 후기 전체주의 등 개념을 사용하여 중국의 정치형세를 분석해서는 안 된다는 것을 의미한다. 서방 정치학에서 이 같은 개념의 근본적 기준은 경쟁 선거였기에, 정책 과정, 그리고 정치와 경제 관계를 고려하지 않았다. 정책과정에서 볼 때, 정책방향을 변화시킬 수 있고, 정치 의정을 베풀 수 있는 정치가 민주정치이고, 정치와 경제의 관계에서 볼 때는 이익사회(게젤샤프트) 정치의 출현이 민주정치의 변수가 되는 것이다. 그렇기 때문에 정확한 방법은, 기존의 개념을 이용하여 중국의 상황이 이러저러하니 이 방법이 맞느냐 틀리냐를 분석하는 데만 머무를 것이 아니라, 마땅히 중국이 경험을 거쳐 검증된 기정 이론과 개념이 정확한가, 설득력이나 적용성이 가능한가를 보아야 하는 것이다.

3. 정치개혁과 정치발전의 기본경험

30여 년간의 개혁개방(정치개혁 포함)은, 중국을 강성하고 부유한 국가로 만들었다. 비록 발전과정에서 부패 현상, 사회 불공정, 빈부격차와 "농촌의 세 가지 문제(三農)" 등 문제가 존재하기는 했지만, 발전 중에 나타난 이 같은 문제로 인하여 지난 30여 년 사이에 우리나라가 취득한 거대한 성과와 개혁개방의 위대한 공적은 누구도 부인할 수 없는 것이다. 그러면 우리나라의 성공적 경험에는 어떤 것이 있었을까?

1) 정치적 안정은 개혁과 발전의 전제 조건이다

비교정치 발전이론의 기본 결론은, 기본적인 정부기능을 유지할 수 없다면 정치 변혁의 주도적 역량을 상실한 것이나 마찬가지이다. 새뮤얼 헌팅턴의 정치적 이론은 더욱 뚜렷한데, 그는 권위도 없고 질서도 없는 정치발전은 정치의 쇠퇴를 의미한다고 말했다. 그리하여 그는 정치안정의 중요성과 정치제도화의 중요성을 보다 중요시했다.

다른 국가와 비교할 때 거대한 개발도상국으로서의 중국은 국가가 성장함에 있어서 정치적 안정이 각별히 중요했다. 이에 대해 이미 정치적 공감대를 형성했다. 하지만 이 같이 간단한 상식이 도리어 민족국가 성장에 관한 국가이론을 검증케 하였다. 문화적 의미로서의 중국은 유구한 역사를 지니고 있고, 현대 민족국가로서의 중국은 또한 신생아나 다름없었다. 신해혁명부터 지금까지 겨우 100년 밖에 안 되는 중국은 한창 성장하는 현대 국가이기에 여전히 현대국가 건설 중에 나타나는 일련의 문제에 봉착하였다. 예컨대 재부를 합리적으로 분배하는 문제, 인민들의 권익을 보장하는 문제 등이다. 민족국가 건설에서 성공한 경험은 대체로 다음과 같았다. 첫째, 안정된 제도적 구조를 통하여 국가의 권위를 결속하였다. 둘째, 하나의 주도적 역량이 국가의 제도와 건설을 조직하였다. 공산당은 민족국가 건설을 완성할 수 있는 유일의 주도적 역량이며, 공산당의 지도권이 국가의 안정에 관계된다는 사실을 누구도 부정하지 못할 것이다.

2) 관념은 개혁개방을 인도하는 중요한 역량이다

우리나라는 헌법적 제도구조의 안정을 보장한다는 전제조건하에서 제도 구축을 개혁하여 엄청난 경제적 업적과 성과를 가져왔다. 무슨 힘이 이미 구축된 구조 하에서 제도 구축의 개혁을 촉진했던 것일까?

사상관념이 제도를 만든다면 제도의 변천은 사상관념의 인도를 떠날 수가 없다. 제도의 변천을 초래한 사상관념은, 배우고 인식하고 토론하고 접수하고 창의적으로 발전하는 과정을 통해야 하며, 이런 것들이 제도로 변천하려면 매우 복잡한 과정을 거쳐야 한다. 경제개혁에서 시장경제가 불법이던 것에서 합법적이 되고 제도화 되는 과정이 관념과 변천의 복잡한 과정을 잘 설명하고 있다. 정치적으로, "세 가지 대표", "의법치국", "과학적 발전관" 그리고 '인권', '관리(治理)' 등은 모두 이 같은 문제를 해결하기 위해 제기된 새로운 사상, 새로운 관념이며, 모두 마르크스주의에 대한 중대한 발전이자 중대한 공헌이다. 한 마디로 말해, 우리나라의 개혁개방은 시대와 더불어 발전하는 새로운 관념의 지도를 떠날 수가 없다.

상술한 중국의 관념을 전환시킨 주체는 누구인가? 의심할 것도 없이 집권당이다. 관념의 변화는 우리에게 중국공산당의 적응성 문제를 제기하였다. 개혁개방 30여 년간의 많은 변화 또한 중국공산당으로 하여금 큰 변화를 가져오게 했다. 집권당의 기본 특징은 최소한 전 국민을 상대로 하는 집권 목표, 민중을 토대로 하는 개방성, 시대와 더불어 발전하는 의식형태, 전통적인 정치심리, 제도화된 조직건설, 법제화된 집권방식 등 기본 특징이 포괄되어야 한다. 하지만 이 같은 특징을 갖춘 집권당이 되려면 중국공산당이 초지일관 특유의 환경에 대한 적응능력을 유지할 필요가 있으며, 환경에 적응하는 과정에서 이론과 실천을 혁신하면서 자신에게 더욱 강한 생명력을 부여해야 한다. 중국공산당이 새로운 환경에 보다 잘 적응하려면, 국내외 환경에 민감한 정보의 피드백 시스템을 구축할 필요가 있으며, 당내에는 완벽한 정보의 피드백 감독시스템을 만듦으로써 당의 상층 지도부는 정치적 공감대를 형성하는 과정에서 새로운 환경에 대응해야 한다.

3) 점진적 제도 혁신은 개혁개방이 성공할 수 있는 근본적 보장이다

안정적인 제도 구조를 구축해야 한다는 관념과 시대와 더불어 발

전해야 한다는 관념의 지도 아래서 제도 혁신은, 우리나라 개혁개방
이 성공할 수 있은 원인일 뿐만 아니라, 제도를 성공적으로 보장할
수 있는 원인이기도 하다. 여기에서 말하는 제도란 중간적인 제도 구
축을 가리키는데, 조직 자체의 관계와 조직 간의 관계 등이 포함된
다. 예컨대, 정부와 기업 간의 관계, 정부 기구와의 관계 등이 그것
이다.

　정치개혁 중에서 제도의 혁신은 낡은 체제(계획경제)와 낡은 관념
(교조주의)의 속박을 타파하면서 상하가 서로 영향을 주는 과정이었
다. 지방정부의 제도혁신 이행은 중앙정부의 확인을 받은 후 시험적
으로 보급했으며, 그 다음 진일보한 법률로써 규정하여 제도화했다.
토지제도 혁신이든, 정치적인 촌민 자치제도이든 거의 모두가 양성
적인 상호작용 과정을 거쳤다.

　그러나 정치적 제도의 혁신은 반드시 점진적으로 진행되어야 한
다. 사람이든 조직이든 모두 정치, 경제, 문화로 조성된 사회구조
속에서 생활하기 때문이다. 정치와 경제는 급변할 수 있지만 문화
는 그렇게 하기가 힘들다. 문화에 적응하고 그로부터 형성된 정치 심
리, 제도 변천만이 연속성과 지속성을 구비할 수 있다. 역사적으로
제도의 변천과정에서 생긴 많은 변화가 사람과 조직이 존재하고 있
는 사회구조를 파괴했기 때문이다. 중국의 정치발전은 전반적으로
볼 때 점진적으로 진행되었으며, 점진적인 진행과정에서 점차 발전
하는 구조를 형성했다고 할 수 있다.

　중국이 정치를 발전시킴에 있어서 한 가지 지향점이 바로 인민의
권리를 어떻게 보장해주느냐 하는 문제였다. 비록 국가가 민중들의
경제권리를 보호해주려고 노력하듯이 민중들의 정치권리도 보호하
고 신장해주려고 노력하고는 있지만, 경제권리와 마찬가지로 민중

들도 정치권리를 실현하려고 노력할 필요가 있는 것이다. 지난 30여 년 동안, 정책 변화이든, 신형의 민주형식의 출현이든, 혹은 관리구조 혁신이든 모두 인민이 자발적으로 참여하여 추진했으므로 자발적이고 질서적인 특징이 있다. 하지만 자발적인 경제질서에 비해 정치질서는 "인위적 설계"의 특징과 국가 권력의 특징이 다분하다. 즉 개혁에 어려움도 많고, 더 많은 시간이 소요된다.

따라서 정치권리와 정치질서 문제에 있어서, 중국은 이에 상응하는 면밀함과 신중함, 점진적 태도를 보여주었다. 국가마다 자유민주화가 얼마나 되어야 하고, 자유민주화의 길을 어떻게 가야하며, 자유민주화의 진행 속도를 어떻게 잡느냐를 결정할 때 본국의 역사와 문화, 그리고 국정을 고려해야 하기 때문이다.

제3장

중국 특색의 사회주의 문화에 대한 탐색과 발전

1. 사회주의 문화건설에 있어서 초기의 탐색

중국은 유구한 역사와 문화전통이 있는 문명 고국이다. 기나긴 역사 발전과정에서 유학을 위주로 하는 유교 · 불교 · 도교가 공존하는 문화구조가 형성되었다. 근대 이후, 서방사회에서 유입된 민주 · 자유 · 과학 등의 이념을 핵심으로 하는 민주주의 · 자유주의 · 과학정신은 중국 전통문화가 형성되는데 엄청난 충격을 주었을 뿐만 아니라, 중국이 전통사회에서 현대사회로 진보하는데 추진 역할을 하기도 했다. 20세기에 들어선 후, 특히 1917년 러시아 10월 혁명 이후 사회주의와 마르크스주의가 더욱 더 중국 진보적 지식인들의 호감을 얻게 되었으며, 나중에는 하나의 사조를 형성하게 되었다. 마르크스주의를 지도사상으로 하는 중국공산당이 1949년 혁명을 통하여 전국의 정권을 취득하는 바람에 마르크스주의는 신중국(중화인민공화국–역자 주)의 주도적 의식형태로 되었으며, 마르크스주

의를 지도사상으로 하는 사회주의 신형의 문화를 건설하는 사업이
신 중국이 추구하는 목표로 되었다.

마오쩌둥을 대표로 하는 1세대 중국공산당원들은 장기간 혁명전
쟁의 시대를 겪었기 때문에 혁명자의 사유와 행위 방식이 다양하게
집권된 후에 자연스레 이어져 내려왔다. 잔혹한 계급투쟁과 혁명전
쟁의 환경 속에서 중국공산당은 "무산계급 정치를 위해 이바지해야
한다"는, 즉 계급투쟁을 위해 이바지하고, 혁명전쟁을 위해 이바지
해야 한다는 문화적 이념이 형성되었다. 이 같은 이념 하에서 전개한
혁명문화건설은, 한때 중국혁명사업의 발전을 강력하게 추진했으
며, 궁극적으로 승리를 이룩하기도 했다.

중화인민공화국을 수립한 후, 혁명은 정치를 위해 이바지해야 한
다는 문화적 이념과 혁명문화건설의 주요 원칙과 방침을 대부분 지
속했는데 그 핵심은 다음과 같다. 물질 생산과 경제적 토대가 정신
생산과 문화 발전을 결정하는 동시에 문화는 어느 정도 경제와 반작
용을 한다. 문화는 뚜렷한 계급성을 가지고 있고, 어느 정도 계급의
이익 요구를 반영하며, 어느 정도 계급의 정치투쟁을 위해 이바지 한
다. 무산계급(공산당을 통하여)이 영도하는 혁명문화 사업은 반드시
무산계급의 계급투쟁과 정치투쟁에 복종해야 하며, 문화건설의 보
급과 향상을 골고루 돌봐야 하지만, 그래도 보급이 우선이다. 중국
공산당이 집권한 후, 정치에 이바지해야 한다는 문화건설의 이념은,
한편으로 정권을 수립하고 공고히 하며, 새로운 국가를 건설하는 수
요를 만족시키는데 엄청난 작용을 하였고, 다른 한편으로는 문화의
다양한 발전을 규제하기도 했다.

1949년부터 1978년까지의 신중국 역사를 볼 때, 문화가 정치를
위해 이바지하는 데 있어서 사실 포괄적인 이해와 실천, 협의적인 이

해와 실천이라는 두 가지 유형으로 표현되었다. 포괄적으로 정치를 위해 이바지했다는 것은 국가를 영도하는 중국공산당을 위해, 국가의 건설사업을 위해 이바지했다는 말이다. 협의적으로 정치를 위해 이바지했다는 것은 계급투쟁과 정치운동을 위해 이바지했다는 말이다.

중국공산당이 영도하는 국가 건설을 위해 이바지했다는 각도에서 보면, 신 중국의 전반부인 28년 동안 문화건설에서 이룩한 성과와 그가 일으킨 작용은 세상이 다 아는 사실이다. 이는 마르크스주의가 국가의 의식형태에서 확고한 위치를 차지하고 있는데서 구현되며, 일반 근로자들의 문화적 권리가 높이 중시되어 크게 신장된 것으로 구현되었다. 예컨대 근로자들과 그 자녀들을 위해 학교를 설립하고, 문학과 예술은 반드시 노동자·농민·군대 생활을 반영해야 할 뿐만 아니라, 근로자들이 즐기는 소재를 다뤄야 한다는 등 방침을 제기하고 통철시키는 것, 그리고 국가 건설을 위해 많은 전문 인재와 중견들을 양성하는 것 등이다.

문화봉사라는 이념과 정치에 종속해야 한다는 이념 하에서, 마르크스주의의 지도하에 문화건설을 해야 한다는 방침을 통해 일부 특정된 문화분야는 신속하게 발전했다. 예컨대 마르크스주의 이론 연구, 농민전쟁사와 근대 혁명사 연구, 그리고 혁명을 소재로 한 문예창작 등이 그것이다. 이밖에 마르크스주의를 이용한 중외 문화유산 연구, 사회와 역사연구는 자연히 독특한 인식의 가치관을 나타나게 하였다. 마르크스주의를 일종의 입장 체계와 방법론의 체계라는 각도에서 보면, 사회와 역사문제를 분석하고 해답하는 면에서, 기타 이론이나 방법 체계와 다른 점이 있다. 예컨대 계급을 분석하는 방법에서, 경제토대라는 결정적 지위를 근거로 하여 인류사회를 연구했으며, 그로부터 기타 이론체계와 방법체계로는 불가능하거나 도출하기 어렵다는 결론을 도출해냈다.

물론 정치를 위해 이바지해야 한다는 문화건설 이념이 제한성을 띠지는 않을 수 없다. 특히 정치운동을 위해 이바지해야 한다는 뜻을 협의적으로 이해하고 계급투쟁을 위해 이바지할 때 말이다. 이는 마르크스주의의 주도적 의식형태 지위를 확립하고 공고히 하는 점에서 구현되었으며, 동시에 마르크스주의를 이용하여 모든 문화적 성과를 대체하려고 시도하는 경향에서 약간씩 다르게 구현되었다. 뿐만 아니라 마르크스주의 자체를 상세히 논술하고 이해하는 면에서도 교조적, 기계적, 자기 폐쇄적인 결함이 존재했다. 마르크스주의를 폐쇄적이고 배타적인 체제로 간주하면서, 마치 기타 사상이나 이론과는 대립할 수밖에 없고 충돌할 수밖에 없다고 여겼다. 마르크스주의가 언급하지 않은 분야이거나, 마르크스주의를 직접 응용하여 분석하고 연구하기 어려운 문제는 공개적으로 혹은 암암리에 금기시하였다. 여기에 입각하여 사회주의 문화와 기타 유형의 문화와 대립과 투쟁을 지나치게 강조하면서 상호 간의 영향, 전승과 융합은 등한시하였다. 특히 자본주의 문명을 거울로 삼거나 활용하는 것을 등한시하였다. 문화 사업, 학술 연구, 예술창작은 반드시 계급성, 당의 원칙을 기본으로 해야 한다고 강조하였다. 심지어 "정치 우선주의", "정치 제일"이라는 구호를 제기한 데서 전반 문화가 의식형태화, 정치화 경향을 초래하게 되었고, '문화대혁명' 말기에 극으로 치달으면서 문화의 정상적 발전을 심각하게 저해하고 파괴하였다.

종합적으로, 문화가 정치에 종속되고, 정치에 이바지해야 한다는 이념과 그 영향 하에서의 신중국 문화건설이 비록 역사적 위치를 점하기는 했지만, 국한성이 뚜렷한데서 이념의 인도 하에서의 문화건설을 반드시 조정하고 개선해야 했다.

2. "사회주의 정신문명" 건설, "사회주의 문화의 대 번영과 대 발전"을 추진

중국은 공산당이 장기간 집권한 사회주의 국가이다. 이 제도는 중국공산당의 문화건설 이념을 결정하였고, 따라서 문화건설 방침이 중국 문화발전에 대해 결정적 의의를 갖도록 했다. 1978년 중국공산당 11기 3차 전원회의가 소집된 후, 역사의 경험 교훈을 받아들인 토대 위에서, 개혁개방이라는 전반적 사회 분위기와 그 진행 과정에서, 중국공산당의 문화건설 이론과 방침은 점진적으로 조정되었고 또한 뚜렷한 변화를 가져왔다. 사회주의 정신문명 건설, 사회주의 선진문화건설 등 이론과 일련의 구체적인 방침을 잇달아 출범한 것이 그 상징이다.

"사회주의 정신문명" 건설이라는 개념은 1970년대 말 80년대 초에 제기되었고, 1982년 중국공산당 12차 당 대표대회에서 상세히 진술하였다. 1986년과 1996년 중공 중앙은 사회주의 정신문명 건설에 관한 결정을 두 차례 하고, 그 과업을 배치하고 지도하였다. 1997년, 중국공산당 15차 당 대표대회에서 "중국특색의 사회주의 문화건설이 추구하는 목표"를 체계적으로 상세히 진술하였다. 2000년 "세 가지 대표"의 중요 사상에서 제기한 "사회주의 선진 문화건설"은 사용 빈도가 가장 높은 또 하나의 개념으로 되었다. 21세기에 들어선 후 중공중앙은 사람을 근본으로 하는 과학적 발전관과 사회주의 조화사회를 구축하자는 조화사회 이론을 제기하고 상세히 진술했다. 이 또한 당대 중국 문화를 발전시키는데 중대한 의의를 가졌다. "사회주의 문화의 대 발전, 대 번영을 대대적으로 추진하며, 사회주의 선진문화를 확고하게 발전"시키는 것이 중공중앙에서 지속적으로 강조하는 문화건설 목표가 되었다.

사회주의 정신문명 건설을 논하든 사회주의 문화건설을 논하든 간에 기본 뜻은 일치했다. 즉 마르크스주의를 지도사상으로 하여 이상, 도덕, 문화가 있고, 규율을 지키는 인민을 양성하는 것을 목표로 하며, 현대화를 향하고, 세계를 향하고, 미래를 향한 민족적이고 과학적이며 대중적인 사회주의 문화를 발전시키는 것이다. 다만 정신문명 건설과 문화건설이라는 용어는 다른 언어 환경에 따라 번갈아 사용하였다. 정신문명 건설이 물질문명 건설을 상대한 말이라면, 문화건설은 정치건설, 경제건설, 사회건설에 상대하는 말이었다.

"사회주의 정신문명을 건설하자", "사회주의 문화의 대 발전, 대 번영을 추진하자" 등의 목표를 제기했다는 것은, 중국공산당이 문화의 본질, 지위와 기능에 대한 인식에 심각한 변화가 생겼으며, 과거에 주로 문화의 배합 역할, 보조적 위치, 정치 기능을 강조하던 사고의 방향과 구조를 타파하고, 중국 특색의 사회주의 사업의 전략적 배치 하에서의 문화 자체의 적극성과 독립적 작용을 중시하고 있다는 것을 말해주었다. 예컨대 정신문명을 사회주의의 주요 특징 중 하나로 확정했다는 것은, 사회주의 제도의 우월성에 대한 중요한 사실이며, 문화는 종합국력의 중요한 표지라고 한 것은, 문화가 종합국력 경쟁 중에서의 위치가 날로 뚜렷해지고, 문화의 힘이 민족의 생명력·창의력·응집력 속에 깊숙이 주입되고 있음을 말하며, "국가의 문화적 소프트파워"를 향상시켜 중화민족의 문화를 세계로 나아가게 함으로써, 중국의 국제적 지위와 상응하는 문화적 영향력을 형성해야 한다는 것 등이다. 이 모든 것은, 중국공산당이 문화건설에 대한 시야를 점차 넓혀가게 했고, 또한 시대성이 극히 다분했다는 것을 말해주었다. 특히 경제 글로벌화와 과학기술이 비약적인 발전으로 말미암아 종합적인 국력 경쟁이 날로 치열해가는 국제적 배경과 연계시켜 인식하게 되었으며, 세계 여러 민족의 교류가 날로 빈번해지고 다양한 사상문화가 서로 뒤엉켜서 출렁이는 시대배경과 연계하여 인식하게 되었다.

중국의 사회주의 정신문명 건설이나 사회주의 문화건설을 다른 국가와 비교할 때, 특히 비사회주의 국가와 비교할 때 가장 중요한 특징이, 지도사상의 다원화를 추구하지 않고 마르크스주의와 마르크스주의의 중국화(中國化)라는 이론 성과를 지도사상으로 삼았다는 점이다. 중국공산당의 시각에서 볼 때, 마르크스주의는 인류사회 발전의 법칙을 밝힌 사상과 학식이 넓고 심오한 과학적인 이론체계이다. 마르크스주의 중국화의 이론적 성과는, 마르크스주의 기본 원리와 중국의 실제를 결합한 산물이며, 중국의 실천적 혁명 · 건설 · 개혁, 그리고 그 성과에 의해 증명된 정확한 경험을 총괄한 것이다. 오직 마르크스주의와 그것을 중국화한 이론성과를 지도사상으로 삼고 견지해야만이 사회주의 문화건설에서의 정확한 방향을 보장할 수가 있는 것이다. 짚고 넘어가야 할 점은, 중국공산당이 강조하고 견지하려는 마르크스주의는, 시대와 더불어 발전하는 개방된 마르크스주의이다. 진일보적인 차원에서 말한다면, 한편으로는 마르크스주의의 기본 입장과 관점을 견지하는 것이며, 다른 한편으로는 시대의 발전과 실천에 따라 마르크스주의를 끈임없이 혁신하는 것이다. 중국공산당은 마르크스주의의 이론적 원천이 실천이고, 검증 기준도 실천이며, 발전 원동력도 실천이라고 분명히 선언했다.

마르크스주의를 지도사상으로 삼는다고 하여 중국의 문화건설에 있어서, 의식형태가 모든 우위를 압도한다거나 정치가 올바른 단일한 빛깔의 문화를 우선적으로 고려하고 추구한다는 것은 결코 아니다. 중국공산당이 추구하는 이상적인 목표는, 일원화를 주도하는 다양한 문화를 발전시키는 것이다. 형상적인 말로 묘사한다면, 기러기들이 대열을 지어 날아가는 형태이다. 마르크스주의 그리고 사회주의 주도적 가치관을 반영하는 문화작품을 선두 기러기하고 할 경우, 기타 이론체계와 문화작품은 선두 기러기를 따라 "_" 자 형의 "장사진" 즉 일원화를 이루는 것이 아니라, 선두 기러기의 인도 하에서 "ㅅ"자 형으로 다층의 입체 구조를 편성하여 "하모니"를 이루면서 각자가 자기 공간에서 존재가치를 구현케 하는 것이다.

중국이 사회주의제도를 구축한 초기인 1956년, 마오쩌둥은 문화건설의 방침을, "백화제방, 백가쟁명"이라는 형상적인 말로 제시했다. 물론 문화가 정치에 이바지해야 한다거나 정치에 종속되어야 한다는 이념의 규제로 말미암아 이 방침이 제대로 실행되지는 못하였다. 1978년, 중국이 개혁개방이라는 새로운 시기에 들어선 후, 중국공산당은 "문예는 정치에 종속되어야 한다"는 구호를 버리고, 문화는 "인민을 위해 이바지하고, 사회주의를 위해 이바지해야 한다"는 "두 가지를 위하여"라는 방향을 확립하였다. 중국 개혁개방의 총설계사로서의 덩샤오핑은 새로운 시기의 문화건설에 대한 지도사상이 매우 분명했다. 즉 한편으로는 "백화제방, 백가쟁명"의 방침을 관철 실행하고, 다른 한편으로는, 마르크스주의 견지 · 사회주의 견지 · 공산당 영도 견지 · 무산계급 독재 견지라는 "네 가지 기본 원칙"을 관철 실행하는 것이었다. 그는 "백화제방, 백가쟁명" 방침과 "네 가지 기본원칙"이 결코 모순되는 것이 아니라 변증법적으로 완벽하게 통일될 수 있다고 여겼다. 다른 각도에서 말하면, 문화가 정치에 종속되어서도 안 되고, 그렇다고 정치를 이탈해서도 안 된다는 뜻이다. 개혁개방과 경제사회가 발전함에 따라, 소유제 형식, 취업

방식, 조직방식, 그리고 사람들의 가치관이 다양화를 선택함에 따라, 중국공산당은 재차 역사적 경험을 섭취한 토대 위에서, 정신문명은 "건설을 중점으로, 확립을 근본으로 한다", "단결·격려하고 적극 인도하며, 대비판(大批判)을 하지 않고 무의미한 논쟁을 하지 않는다", "주선율을 향상하고 다양화를 제창한다", "실제에 접근하고 생활 속에 들어가며 대중들과 친밀하게 지낸다" 등의 방침을 제기하였다.

특히 1980년대에 가동하고, 또한 신세기에 들어서서 실질적으로 전개된 문화 체제 개혁은, 당대 중국문화의 발전에 엄청난 추진 역할을 했을 뿐더러 앞으로도 그러할 것이다. 1980년대의 개혁은 주로 지나치게 많은 전문 예술단체를 간소화하는 작업, 경제체제 개혁의 경험과 방법을 배워가지고 문화기구에 대해 도급경영 책임제를 주요 내용으로 하는 개혁을 보급한 것. 국가에서 지원하는 소수의 인민소유제 예술 단체와 여러 가지 소유제 형식의 예술단체 즉 "이원화 제도"를 실행한 것, '문화시장' 존재를 인정하고 또한 시장을 규범화하고 발전시키기 위한 노력 등이다. 이 같은 개혁은 문화와 문화자원을 단순한 의식형태로 간주여 국가화(國家化)하던 기왕의 이념과 방법을 타파하면서 문화 체제개혁의 막을 열었다. 물론 이 시기의 개혁도 뚜렷한 문제가 존재하였다. 즉 전반적 기획과 배치가 부족한데서 저 차원의 변두리 개혁이었다고 말할 수 있다.

1990년대에 들어선 후, 사회주의 시장경제 체제 구축을 목표로 하는 개혁과 대외개방이 전방위적으로 급속히 발전함에 따라 사람들의 사상관념과 문화소비 추세에 급격한 변화가 생긴데서, 문화체제 개혁을 심층적으로 확대해야 했다. 90년대 중공 중앙에서는 주로 이론적으로, 문화제체 개혁은 "문화사업의 번영과 발전의 근본적 출로"라고 분명히 진술함으로써 개혁의 실질적 실행을 위한 여론을 조성하였다. 21세기에 들어선 후, 당과 정부는 한편으로 공익성 문화사업을 강화하고, 다른 한편으로는 경영성 문화산업을 강화해야 한다면서, 문화체제 개혁의 기본 사고의 방향을 명확히 하였다. 국가는 한편으로는 투자 증가, 시스템 전환, 활력 증강, 서비스 개선을 중점으로 하여 공익성 문화사업의 개혁과 발전을 추진했으며, 다른 한편으로는 체제 혁신, 시스템 전환, 시장 개척, 활력 증강을 중점으로 하여 경영성 문화산업의 개혁과 발전을 추진하였다. 2005년 말 중공 중앙과 국무원은 "문화체제 개혁을 심화하는 데에 관한 약간의 의견"을 발부하였고, 2011년 10월 중국공산당 17기 6차 전원회의에서는 "문화체제 개혁을 심화하여 사회주의 문화의 대 발전, 대 번영을 촉진시키는데 관한 중공중앙의 중대 결정"을 통과시켰는데, 이는 문화체제 개혁을 지도하는 원칙적 문건이 되었다.

개혁은 중국의 문화체제에 현저한 변화를 가져왔다. 요점을 요약하면 다음과 같다. 첫째, 정부의 직능이 전환되었다. '경영'하던 것으로부터 '관리'하는 것으로, 미시적 관리로부터 거시적 관리로, 주로 직속 기구를 관리하던 것으로부터 전 사회를 관리하는 것으로 직무를 전환하였다. 둘째, 국유 문화기구 체제를 기업체제로 전환했다. 사업체제(비수익성 기구)를 기업체제로 전환, 특히 신문사와 출판사, 문예 공연단체, 영화 드라마 제작기구 등 사업체제 업종을 기업체제로 거의 전환했다. 셋째, 비공유제 자본이 문화건설 투자의 주력 중 하나로 부상하면서 공유제를 주체로 한 여러 가지 소유제가 공동 발전하는 문화산업 구조가 점차 형성되었다. 넷째, 정부 투자를 위주로 하고, 동시에 사회자금을 적극 영입하여 공익성 문화사업을 발전시키고 전 사회적인 공익성 문화 서비스시스템을 구축함으로써 인민들의 기본적인 문화권익을 보장하였다.

3. 일원화 주도의 다문화 구조

중화인민공화국이 수립되기 전, 중국문화는 대체로 다원화 문화 구조였다. 이 같은 다원화는 다른 각도에서 볼 수 있었다. 이를테면 전통과 현대, 동방과 서방, 급진과 보수, 혁명과 개량, 마르크스주 의와 자유주의 등 여러 가지 각도로 말이다. 물론 다원화 문화구조는 언제나 국민당의 '일원주의' 이념 하에서의 문화 전제적 행위의 간섭 과 억압을 받았다.

중화인민공화국이 수립된 후, 중국 문화는 전환과 재건을 시작하 였다. 중국공산당의 영도 하에서 마르크스주의를 주도적이고 핵심 적인 의식형태로 확립했으며, 1950년대 후기에 이르러 일원화적 문화 양상을 형성하였다. 구체적으로 말하면, 마르크스주의를 문화 건설, 학술과 예술연구, 창작의 지도사상으로 견고히 확립하고, 또 한 유일적이고 독존적이고 배타적 성질을 지니도록 했으며, 마르크 스주의 기본 원리, 분석방법, 구조 · 개념 · 범주 등이 반드시 모든 문화영역에 응용하고 반영하도록 했다. 의식형태 검토, 정치적 올바 름, 도덕이상주의 추구가 모든 것을 압도하는 우위적 위치에 두게 되 었으며, 문화 보급 그리고 대중화 방향을 부각했는데, 그 목적은 공 산주의 각오가 있는 혁명사업의 계승자를 양성하려는데 있었다.

1978년 이후 규모가 크고 기세가 드높은 개혁개방의 역사를 경과 하면서 중국문화는 엄청난 변화가 생기었는데, 다양하고 다원화적 인 활기찬 방향으로 점차 발전하였다. 이 같은 다원화되고 활기찬 문화를 종적인 역사발전 과정에서 엿볼 수 있었으며, 횡적인 문화구조나 패턴에서도 엿볼 수 있었다.

종적인 역사발전의 각도에서 볼 때, 개혁개방 이후의 중국문화를, 1978년의 실천이 진리를 검증할 수 있는 유일의 기준인가 하는 중대 토론이 가져다준 사상해방과 떼어서 설명할 수가 없다. 물론 그 당시 사상 해방운동의 의미는 주로 정치적이었다. 그러나 문화에 끼친 영향은 의심할 바가 없었다. 신중국의 역사를 고찰하면 한 가지 중요한 현상을 어렵지 않게 발견할 수 있다. 즉 어느 때부터 개방적이고 실사구시적인 태도로 마르크스주의를 대하면서 마르크스주의를 발전시키거나 혁신해야 한다고 강조했으며, 어느 때부터 마르크스주의를 시대와 더불어 발전시켜야 하는지를 상세히 논술했고, 또한 사회와 문화에 활기를 가져다주었느냐 하는 것이었다. 이는 물론 중국의 주도적 의식형태 위치를 점하고 있던 마르크스주의가 결정한 것이었다. 개혁개방 이후의 역사는 더욱 그러했다. 이런 점에서 얼마 후에 나타난 "진정한 마르크스주의로 회귀하자"라는 사조, 그리고 관련된 토론은 구체적인 관점이 어떠한지, 역시 마르크스주의 의식형태를 재설계 해보려는 이론계의 노력이었다. 진리 기준에 대한 중대한 토론 등 사상 해방운동은 중국문화가 발전하고 활약하는데 필요한 추진체 역할을 했으며, 훗날 덩샤오핑의 남방 순방 시 한 담화, "세 가지 대표"의 중요사상 그리고 과학적 발전관을 상세히 논술하고 선전하는 과정에서 모두 재현되었다.

역사의 발걸음이 1980년대에 들어설 무렵, 중국문화의 활약적이고 다양한 모색 작업이 본격적으로 시작되었다. 사회생활의 풍향계 역할을 하고 있는 문예창작이 앞장서서 선을 보여주었다. '문화대혁명'의 극좌적 노선과 그 피해를 성토하고 묘사한 '상처문학'과 그 원인을 반성하는 '반사문학(反思文學)'을 시작으로 하여 "뿌리 찾기 문학"(역사와 문화의 뿌리를 깊이 있게 발굴하는 문학), "몽롱시"(朦胧诗, 추상적인 난해한 시), "선봉파 소설", "신사실주의 소설", "판타지 소설", "의식의 흐름 문학", "실험 연극" 등 형식의 작품이 잇달아 문단에 등장했다. 이런 문학작품들은 혁명을 찬미하고, 영웅을 찬미하고, 중국공산당을 찬미하고, 사회주의를 찬미하던 기왕의 주선율 외에 문학창작의 제재, 시야를 넓히고 문예창작 수법을 풍부히 하면서 다원화한 문학예술 영역을 개척하였다. 이와 동시에 사회과학 분야에서는 통제론, 계통론, 정보론이라는 이른바 "세 가지 이론"을 대표로 하는 방법론에 대한 붐이 일어나면서 교조주의적이 된 마르크스주의와 경직화된 의식형태화의 신조 밖에서 사회 역사에 관한 과학적 해독방법과 과학적 분석방법을 모색하였다. 특히 관심을 가질 만한 가치가 있는 현상이 80년대 중기 이후의 "문화 붐"이라고 볼 수 있는데, 중국의 사상과 문화가 활성화의 방향으로 나아가기 시작한 뚜렷한 증거라고 볼 수 있기 때문이다. 그 배후에는 현대화에 대한 전 국민의 갈망이 짙게 깔려 있었다. 중국의 대외개방은 국민들이 부유하고 발달한 선진국의 상황을 신속하게 알게 되면서, 자기 나라가 후진국이라는 것을 재차 깨닫게 되었으며, 이로부터 초래된 생존 위기, 그 당시 유행하던 말로 표현한다면 "지구에서의 적(籍)"을 제명당할 수 있는 위기에 직면했다. 현대화에 대한 집단적 불안감이 이렇게 해서 생겨났다. 이 같은 배경 하에서의 "문화 붐"의 중심 내용은, 문화의 도입과 문화의 비교였는데, "당대 학술", "서방 학술", "현대 문화" 등의 명의로 명명한 총서와 번역총서가 도처에서 간행되면서 서방의 학술 저작물을 번역하여 출간하는 붐이 일어났다. 그 목적은 현대화와 사회변혁을 위해 참신한 정신적 자원을 제공하여 이른바 "현대화적 계몽"을 하려는데 있었다. "문화 붐"은 전문적인 문화연구와 체제 이외에도 많은 영향을 주었다. 즉 "공공(사회 참여-역자 주)문화 영역"을 생성하여 지식인들이 공공문화라는 학제적인 영역에서 자신의 문화입장에 근거하여 중국의 역사문제와 현실문제를 토론할 수 있는 장을 마련해 주었다. 이는 당대 중국 문화발전에 깊은 영향을 준 첫 단계였다. 두 번째 단계는 90년대 후기의 다원화 문화구조 형성에 영향을 주었다.

만약 80년대의 "현대화 계몽"이 정체적인 "태도의 동일성"을 유지했다고 한다면, 90년대에 들어서서 문화논쟁으로 인한 다원화 발전의 길이 이미 확실시되었다고 할 수 있다. 만약 시간의 순서에 따라 중요한 사상사적 의의를 가지고 있는 문화 논쟁을 일반화한다면, 주로 근대 이후의 중국사회 변혁에서 급진(혁명)과 보수(개량)에 관한 평가 논쟁, 인문정신에 관한 토론, 자유주의와 신좌파 간의 논쟁, 민족주의에 관한 논쟁, 시민사회에 관한 토론, 문화 보수주의에 관한 토론, 포스트모더니즘이나 후기식민주의와 같은 사조가 불러온 논쟁 등을 들 수 있는데, 어떤 논쟁은 21세기까지 계속되었다. 이밖에 사회참여 지식인들에 관한 토론, 민주 사회주의와 보편적 가치에 관한 논쟁, 그리고 "국학 붐"과 문화 민족주의 사조와 같은 것은 21세기 이후 등한시할 수 없는 문화 논쟁 내지 문화적 사안으로 부상했다.

90년대에 있었던 문화논쟁을 그 특징과 문화 발전에 끼친 영향에서 볼 때 몇 가지 점에 관심을 가질 필요가 있다.

먼저 논쟁의 이론적 기초나 논리적 기초가 다원화 양상을 보였다. 마르크스주의, 자유주의, 민족주의, 서방 마르크스주의 내지 사회민주주의, 각종 후기 현대문화 이론 등이 각 측의 논쟁의 원론을 구성했다. 다양한 문화자원은, 문제를 조명하고 설명함에 있어서 극히 다른 입장을 제공하게 했다. 80년대에는 서방의 각종 학설이 막 유입되고, 이해가 부족한데서 흔히 여러 학설을 하나의 통일체로 여겼다. 하지만 90년대 이후, 그 학설들을 점차 이해하고 소화하게 되면서 여러 학설 간의 차이점이 자연히 분명해진데서, 문화가 다원화의 방향으로 발전하는 것은 당연한 이치였다.

다음 80년대와 마찬가지로 90년대 이래의 문화논쟁과 다원화 발전은 중국의 사회 변천과 밀접하게 연계되어 있다. 문화는 사회생활의 반영이다. 1992년 덩샤오핑의 남방 순방 시의 담화가 발표된 후, 시장경제가 급성장하고 사회가 날로 세속화 · 다원화되며, 사회적 공간이 신장하고 중국의 경제 글로벌화가 가속화되는 등 일련의 변화는 문화의 다원화 발전에 직접적 혹은 간접적으로 영향을 주었다. 예컨대, 인문정신에 관한 토론은, 시장화 개혁으로 인하여 사회생활이 날로 세속화되어갔고, 사회적 추구가 날로 세속화되면서 이루어졌으며, 시민사회에 관한 토론은, 시장화 개혁이 촉진하고 생성한 사회적 공간과 중산계급으로 인해 이루어졌다. 그러나 민족주의, "국학 붐" 등의 문화사조는 경제 글로벌화의 배경 하에서 각국의 민족주의 사조가 속출한 것과 직접 관련되어 있다. 각종 후기 학설과 사조는 오히려 현대화와 현대적 절대 가치에 대한 경각(警覺), 질의와 비판을 반영하였다.

끝으로 분분한 문화논쟁의 배후에는 민족국가의 운명에 대한 지식인들의 깊은 관심이 배어 있었다. 만약 다양한 문화 배후에 공동의 토대가 상존했다고 해도 자연스런 일이었다. 그렇기 때문에 물과 불처럼 병존할 수 없을 것 같았던 논쟁 중에서도 공동의 관심과 배려를 찾아볼 수가 있었다. 이를테면 사회 불공평에 대한 경각과 소외 계층에 대한 관심, 민주에 대한 가치 추구, 국가 이익에 대한 수호 등이 그것이었다. 이런 것들이 있으므로 해서 다원화 문화의 토대 위에서 효과적으로 소통하고 통합할 수 있는 가능성과 희망이 있게 되었다. 물론 그렇게 되는 데에는 긴 과정이 소요되었다.

아래에서 우리는 다시 문화의 양식이나 구조적 면을 통해 살펴볼 것이다. 의심할 것도 없이 개혁개방은 중국문화의 또 다른 전환을 가져다주었다. 즉 계획경제 시기의 단원문화로부터 마르크스주의를 주도적 의식형태로 하는 다원문화로 진보하였다는 점이다. 이 같은 다원화 문화양식을 여러 방면으로 고찰할 수 있지만, 여기에서 우리는 가장 거시적인 각도에서, 주도적 문화·비주류문화·대중문화라는 세 가지 양식으로 개괄하고 분석하고자 한다.

여기서 말하는 주도적 문화란, 사회주의의 핵심적 가치관 체계인 마르크스주의를 지도로 하는 마르크스주의 중국화(中國化)의 최신 성과로 전 당을 무장하고 인민을 교육하며, 중국 특색의 사회주의 공동의 이상으로 역량을 응집하고, 애국주의를 핵심으로 하는 민족정신과 개혁·혁신을 핵심으로 하는 정신으로 투지를 고무하며, 사회주의 영욕관(榮辱觀)으로 풍조를 인도하여 중국 개혁개방과 현대화 건설의 실제적 주류 문화의 방향으로 유도하는 총체적 역할을 하는 것이다. 문화의 핵심이고 정수로서의 비주류문화나 순수문화는 지식 추구와 심미적인 규칙을 엄수하고, 문화 자체의 자율성과 독립성을 고수하고 있다. 하지만 대중문화는 일반 대중들의 문화적 수요와 심미적 취향을 목표로 하고, 가지고 있는 자본을 뒷받침으로 하여, 시장을 무대로 시대적인 유행방식을 통해 의미 있는 문화를 생산하고 전파하는 것이다. 주도적 문화, 비주류 문화와 대중문화의 삼분정립은 중국 개혁개방 30여 년 동안의 경제와 사회 발전을 반영했으며, 사회적 문화수요의 다양화 발전을 반영하였다. 세 가지 문화는 각기 자기기능을 가지고 있었다. 주도적 문화는, 주류 의식형태와 가치관을 지탱해주고 전파하는 역할을 하고 있었으며, 문화건설을 통제하고 조율하는 중견 역할을 하고 있었다. 정부는 일부 문화 프로젝트 · 문화 재단 · 문화상을 설정하고 주도하는 것을 통하여, 특정한 인재 양성과 자금 후원 등의 제도적 수단을 통하여 주도적 문화의 주류적 위치를 보장하고 그 영향력을 확충해주었다. 주도적 문화는, 한편으로 문화의 다양성과 다기능성을 인정하여 주었으며, 한편으로는 기타 문화에 대한 심사와 비판 기능을 유지하였다. 문화 정수로서의 비주류 문화는, 민족국가 문화 빌딩의 초석 역할을 하였다. 비주류 문화는 결코 정부거나 주도적 문화의 주목이나 장려를 전부 거절하지 않았으며, 문화시장의 "베스트셀러"나 문화 자본의 '후원'도 전부 사양하지 않았다. 물론 심미와 지식 추구에 대한 입장이 손해를 보지 않는 전제하에서였다. 대중문화의 기능은, 어느 정도 문화수준과 소비능력을 가지고 있는 많은 일반 서민들의 수요를 만족시키는 것이다. 이런 의미에서 대중문화는 문화의 주체이자 주조(主潮)였다. 대중문화는 몸과 마음을 즐겁게 하는 기능을 표방하고 있어서 주도적 문화의 정치적 경향을 없애고 비주류 문화의 신성화를 없애려는 전복적 성향이 있었다. 하지만 또한 주도적 문화와 비주류 문화의 보급 역할과 전파 역할, 혹은 조수 역할을 할 수도 있었다. 최소한 평화롭게 공존할 수 있는 문화적인 동반자가 될 수 있었던 것이다. 이 세 가지 문화가 조화롭게 공존할 수 있다는 점이 바로 당대의 중국 문화가 다양한 양식으로 발전하고 있다는 중요한 징표였던 것이다.

제4장
사회주의 화해사회의 건설

중국사회는 상당한 복잡성을 가지고 있다. 그러므로 사회의 구성원 간에 화목하게 지내려면 충분한 지혜가 필요하다. 960만 ㎢에 달하는 국토는 지리가 매우 다양한데, 그 중 산지ㆍ고원과 구릉지가 육지 면적의 약 67%를 차지하고, 분지와 평원이 육지 면적의 약 33%를 차지하고 있다. 다양한 생계방식과 문화 유형은 다른 지리적 자원 및 조건과 밀접히 관련되어 있다. 중국은 56개 민족에 13억 4,735만 인구(2011년 통계)가 살고 있다. 이 역시 중국사회의 복잡성을 가중시키는 중요한 요인이다. 더욱 주목할 것은, 중국이 한창 급속한 공업화ㆍ도시화ㆍ시장화ㆍ정보화ㆍ현대화 과정을 겪고 있으며, 사회성원의 유동, 사회관계의 재조합 그리고 이 과정에서 생기는 사회적 규범 파괴, 사회적 충돌이 전례 없는 규모에 이르고 있다는 점이다. 도시화만 보아도, 1949년 중화인민공화국이 수립될 때 5억 4,167만 인구 중 도시인구가 10.64% 밖에 차지하지 않았지만, 2011년 인구 13억 4,735만 가운데 도시인구가 51.3%나 차지하였다. 농민들이 대거 도시로 몰려들고 또한 도시에서 일자리를 찾고 생활하게 되면서 여러 면에서 심각한 문제를 초래하고 있다.

　사람들은 중국의 경제 급성장에 깊은 인상을 받았다. 예컨대 국가 통계국에 따르면, 1978년 중국의 GDP가 3,645.2억 위안 밖에 안 되어 1인당 381위안이었지만, 2011년에는 47조 1,564억 위안에 1인당 3만 5,083위안에 달하였다. 국제 여론은 중국이 매우 짧은 기간에 일약 세계 제2위의 경제 대국으로 부상한 데 대해 많은 관심을 보이고 있다. 하지만 그들은 중국경제의 급성장을 지탱해주고 있는 사회적 조건에 대해서는 잘 모르고 있다. 그리하여 흔히 일부 오판을 하고 있다. 본 장에서는 중국경제가 급성장하면서 봉착한 사회적 도전, 그리고 중국 정부가 조화로운 사회를 촉진하고 경제의 지속 성장을 위해 쏟은 노력들에 대해 소개하고자 한다.

1. 중국이 경제성장에 봉착한 사회적 도전

　중국사회가 30여 년이 넘게 경제의 급성장을 지속하고 있기는 하지만, 이 같은 지속능력은 여전히 심각한 위협을 받고 있다. 중국 정부가 비록 경제사회의 조율적인 발전을 촉진시키려고 노력하고는 있지만, 경제사회의 불균형 현상이 한동안 매우 뚜렷이 드러났다. 경제 급성장에 대한 사회 영역의 도전은 여러 방면에서 오고 있다. 그 중 사회적 분화의 격화, 사회적 발전의 부족, 사회 조직의 약화, 사회의 지속 가능성 결핍 등 여러 면에서 두드러지게 드러나고 있다.

1) 이익의 분화를 핵심으로 한 사회적 분화 격화

중국경제의 급성장으로 인한 사회적 분화가 매우 두드러지고 있는데, 수평적으로 사회적 이질성을 증가시켰을 뿐만 아니라, 수직적으로 사회 성원 간의 지위 격차를 늘린 데서 사회적 통합에 어려움을 조성하였다. 빈부격차만 보더라도, 한편으로 중국 경제성장은 확실히 도시와 농촌 주민들의 소득과 지출을 급증시키고, 국민들의 생활수준을 개선시켰다. 예컨대, 농촌가정의 엥겔계수는 1978년의 67.7%에서 2006년의 43.0%로 하락했고, 도시가정의 엥겔계수는 1978년의 57.5%에서 2006년의 35.8%로 하락했다. 전반적으로 볼 때 도시와 농촌 주민들 모두가 빈곤에서 벗어난 수준에 이르렀다고 할 수 있다. 한편으로, 역사적, 지리적, 제도적 그리고 계층적 요소 등의 원인으로 인하여 사회성원 간의 소득분배 격차가 지속적으로 늘어나고 있다. 지니계수로 비교해볼 때, 중국은 1980년에 대략 0.3이었고, 1988년에는 0.382로 상승, 1994년에는 0.434에 달하여 최초로 국제적으로 공인하는 0.4라는 임계점을 돌파하였고, 2000년에 이르러서는 0.458로 급등하였으며, 현재 해마다 0.1%p씩 증가하고 있다. 중국사회과학원 사회학연구소의 2006년 상반기 샘플 조사에 따르면, 이미 0.5수준에 이르러 미국 · 프랑스 · 일본 · 영국 · 독일 · 한국 등 국가의 0.3~0.4수준을 초과했다. 구체적으로 말하면, 중국의 빈부격차는 도시와 농촌 사이, 도시와 농촌 내부, 지역과 지역 사이, 업종과 업종 사이 격차이다. 이를테면, 1978년 도시와 농촌 소득 격차는 2.57배였고, 1985년에는 1.86배로 줄어들었다가 이후 해마다 점차 늘어나 2006년에는 3.28배나 되었다. 만약 도시 주민들 소득 중의 주택 · 교육 · 보건 등 각종 사회복지까지 포괄한다면 실제소득이 농촌주민

소득의 6~7배에 달할 것이다.

2) 민생과 직접 관련되는 사회사업은 발전이 더디다

중국경제 발전이 사회 진보를 추진하는데 중요한 역할을 한 데서 중국의 문화와 교육, 의료보건, 사회보장 등 여러 분야에서 어느 정도 중요한 발전을 이룩했으며, 공공서비스 공급능력도 크게 개선되었다. 이를테면 중국 교육부의 통계 수치에 따르면, 2007년에 이르러 전국 청장년 문맹률이 3.58% 하락했고, 초등학교 어린이 순 입학률은 99.49%에 이르렀으며, 중학교 총 입학률은 98%, 고등학교 총 입학률은 66%에 이르렀으며, 고등교육(대학교와 전문학교 포함-역자 주) 총 입학률은 23%에 이르러 고등교육이 대중화 발전 단계에 들어섰다. 하지만 중국사회사업의 발전이 계속 늘어나고 있는 대중들의 수요에 부응하지 못하고 있다.

예컨대, 교육 분야에서 교육의 공정성 문제와 교육의 질 문제가 날로 불거지고 있다. 특히 교육의 공정성 문제가 더욱 절박한 문제로 대두되고 있다. 교육의 공정성 문제는 주로, 도시와 농촌 사이, 지역과 지역 사이, 교육의 종류와 종류 사이의 불균형으로 인한 큰 격차에서 드러나고 있다. 교육의 질 문제는 주로, 교육철학, 교육 유형, 교육방법, 교육내용 등 면에서 개혁이 뒤처져 국가와 사회, 가정의 기대와 수요에 부응하지 못하고 있다.

보건 분야에서, 정부 투자가 부족한 문제는 매우 심각하다. 위생부의 통계에 따르면, 1980~90년대 중국의 보건 지출이 한때 정부 총 지출의 6%를 차지했지만, 2002년에 이르러 4%로 하락했다. 이 비율은 선진국에 비해 너무 낮을 뿐만 아니라 대다수 개발도상국보다도 낮은 수준이다. 연도 보건 총 비용 구성비례를 볼 때, 재정

예산 보건비용이 계속적으로 낮았는데 15% 안팎에서 오르내렸다. 하지만 주민들의 보건 지출은 줄곧 60% 안팎의 높은 수준에서 내리지 않고 있다. 이밖에 보건 자원이 대도시와 큰 병원에 지나치게 집중되어 있고, 병원 서비스 질이 낮은 것도 심각한 문제로 대두되고 있다.

사회보장 분야에서, 사회안전망이 제대로 구축되지 않아 주민들의 생활안전을 보장하기 어렵고, 사회적 위험에 대한 방비능력이 강하지 못하다. 사회보장 관련 여러 사업에서도 발전이 불균형할 뿐 아니라, 사회보장 업무처리 수준이나 관리수준이 낮으며, 또한 사회보장에서 체계적인 법적 보장이 부족하다.

3) 사회적 성원의 조직 수준의 약화

중화인민공화국이 수립된 후, 도시에서는 점차 직장체제(單位體制)를 확립하고 있고, 농촌에는 인민공사 조직을 구축하여 전 사회적으로 효과적인 재편성을 실현함으로써 정부는 전체 사회성원들에 대한 전면적인 통제를 강화하였다. 각종 유형의 직장은 사실 전문적인 조직이 아니라 정치, 경제, 사회 관리 직능을 폭넓게 담당하는 준(準)정부 조직이었으며, 또한 사람들의 문화가치를 형상화하여 사회와 국가의 인정을 받는 곳이기도 했다. 국가는 직장을 통해 각종 사회자원을 분배함으로써 직장에 대한 회사원들의 의존도를 재촉하였고 기초 사회질서를 유지하였다. 하지만 이 같은 사회조직 방식도 사회성원들의 자유로운 활동공간을 제한하였고, 사회자본의 분배를 독점하였다. 그리하여 사회적 생기와 활력을 질식시켜 사회적, 경제적 효율을 크게 저하시켰다.

1970년대 말, 활력을 증진시키고 생산력을 해방시켜 사회적 경제

효율을 추구하는 것을 목적으로 하는 개혁을 진행하는 과정에서 개혁 전의 사회조직 방식에 심각한 변화가 생겼다. 농촌에서, 인민공사 조직이 해체되고, 향진(鄕鎭, 면이나 읍에 해당함-역자 주) 단위가 가장 기층의 정부기구로 되었으며, 향진 이하의 조직에 대해서는 점차 촌민에 의한 자치를 실행하였다. 도시에서, 시장경제가 발전하고 소유제 구조가 변화하고, 기업의 개혁이 심화되고, 고용제도가 변화하고, 사회보장제도가 개선되고, 경제사회에 대한 정부관리 방식이 변화함에 따라 개혁 전의 직장제도가 엄청난 변화가 생기면서, 직장은 회사원들에게 점차 작업장이라는 의미로만 남게 되었고, 회사원들을 전면 통제하던 예전의 기능을 상실하게 되었다. 이로부터 사람들은 상당한 의미에서 기존의 사회조직 체계에서 벗어나 자유사회 성원이라는 신분으로 사회활동에 참여하는데 보다 많은 시간을 할애하게 되었다. 즉 '직장인(單位人)'이나 '조직인(組織人)'에서 '사회인'으로 전환하였다. 이 같은 전환은 개체적 차원에서는 사회성원들이 더욱 많은 자유를 얻을 수 있게 하여 사회유동을 가속화 했으며(특히 농민들이 대거 도시로 진출하게 함), 사회적 차원에서는 직장 조직의 운영 효율을 개선해주었다. 하지만 사회의 기초질서를 유지하고 사회성원들의 합법적인 권익을 보장하며, 기초사회에 대한 관리를 개선하는데 심각한 도전이 되었다.

조직 형식을 대체하는 각종 비정부, 비수익성 민간조직, 그리고 기층 지역사회 조직은 개혁과정에서 신속하게 발전하였다. 각종 민간조직은 양적으로는 신속히 늘어났지만 사회적 역할은 매우 제한되었고, 그 발전도 불균형적이었으며, 민간조직이 성장할 수 있는 외적 환경과 내적 환경에 대한 규제시스템 모두 점차 개선하는 과정에 있었다. 민간조직을 주체로 하는 공민사회는 여전히 성장단계에 있어서 성숙되고 표준화하려면 가야 할 길이 멀었으므로, 시장경제 체제를 개선하고 직무능력을 전환하는 정부의 기능을 이어받고, 공공사회 참여를 확대하며, 기층의 민주자치를 추진하고 공익사업 발전을 촉진시키는 등 여러 방면에서 기능을 지속적으로 강화할 필요가 있었다.

4) 사회의 지속 가능한 환경 기초의 박약

환경자원은 사회를 운영하고 사회를 지속적으로 발전시킬 수 있는 물질적 토대이다. 중국 정부의 환경보호 작업은 개혁 개방을 하기 전에 시작하였다. 그러나 중대한 진전은 개혁개방 이후에 생겼다. 1983년 말에 소집된 2회 전국 환경보호회의에서, 환경보호는 중국 현대화 건설에 있어서 하나의 전략적 과업이고, 하나의 기본 국책이라고 분명히 밝혔다. 1992년 유엔 환경개발회의 이후, 중국은 환경보호와 경제가 조율하면서 동반 발전할 수 있는 지속 가능한 발전전략을 천명하였다. 2005년 중국정부는 "자원절약형 사회, 환경친화형 사회를 구축한다"는 전략적 목표를 제기하였고, 2007년 중국공산당 17차 당 대표대회에서는 "생태문명"을 구축한다는 전략적 목표를 분명히 제기하였다. 2008년 국가는 환경보호부(環境保護部)를 정식으로 설립함으로써 환경보호 행정부처의 지위를 격상시켰다. 국가는 환경오염 처리 등에 대한 투자를 지속적으로 늘렸는데, 1981년에는 25억 위안 밖에 투입하지 않았지만, 2006년에 이르러서는 100배에 달하는 2,565억 위안을 투입하였다. GDP에서 차지하는 비율도 1981년의 0.51%에서 2006년의 1.22%로 늘어났다.

하지만 중국경제가 지속적으로 급성장했기 때문에 서방 선진국들

이 100년 여 동안 진행된 산업화, 도시화 과정에서 단계적으로 나타
났던 환경문제가 우리나라에서 집중적으로 불거지면서 환경과 발전
간의 모순이 여전히 두드러졌으며, 환경자원이 부족하고, 환경이 전
반적으로 악화되는 추세를 여전히 전환시키지 못한데서 환경은 오염
되고 파괴되는 사건이 빈번히 일어나고 있었고, 그로 인한 사회적 문
제가 여전히 상승세를 보이고 있었으며, 대중들의 생명 건강과 재산
손실에 대한 위협이 여전히 심각한 상황이다.

　자원상황에서 볼 때, 중국은 1인당 경작지 면적이 0.141헥타르
밖에 안 되어 세계 평균수준의 절반이며, 1인당 담수 점유율은 세계
의 1/4 수준밖에 안 되며, 1인당 석유와 천연가스 매장량은 세계 1
인당 평균 수준의 11%와 4.5% 밖에 안 되며, 45가지 주요 관상자
원은 1인당 점유율이 세계 평균수준의 절반도 미치지 못하고 있다.
최근 몇 년간 경제가 급성장함에 따라 국내자원이 수요를 만족시키
지 못한데서 석유, 광산물 등 중요 자원에 대한 수입이 날로 늘어나
고 있으며, 국외시장에 대한 의존도가 점점 커지고 있다. 예측한 바
에 의하면, 2020년이 되면 우리나라 1차 에너지 수요량에 있어서
석탄(중국 정부가 규정한 매 킬로그램 당 7,000칼로리의 열량을 함
유한 석탄-역자 주)이 30억 톤 남짓이 필요하고, 석유와 천연가스
는 각기 2.5억 톤과 800억㎥가 부족할 것이며, 석유는 56%, 천연
가스는 40%를 수입해야 한다고 하는데, 실제 상황은 이보다 더 심
각할 수 있는 것이다.

　환경파괴라는 점에서 보면, 다년간의 엄청난 투입, 많은 소모, 높
은 배출량으로 인해 수질과 공기가 오염되었고, 식물이 파괴되었
으며, 사막화, 산성비 등의 문제가 날로 불거지면서 국민들의 건강
과 생활의 질에 심각한 영향을 주고 있다. 통계에 따르면, 우리나라

"10차 5개년" 계획 기간 전 단계의 GDP 단위당 이산화유황 배출량은 선진국의 8~10배에 달하여 이산화유황 배출량이 환경 용량의 66%를 초과하여, 많은 지역에서 산성비로 인한 피해를 보게 했다. 우리나라 수질 오염물 배출량은 물의 자정 작용보다 82%나 많은데서 많은 도시의 하천이 썩으면서 악취를 풍기고 있다.

특히 향후 우리나라의 인구가 지속적으로 늘어나고, 경제가 지속적으로 급성장하면서, 공업화와 도시화가 보다 빨리 추진되고 국민들의 생활수준과 생활수요가 지속적으로 향상될 것이며, 환경의 질에 대한 수요 또한 더욱 향상될 것이라고 보았다. 따라서 우리나라는 자원을 절약하고 환경을 보호하는 등 여러 면에서 보다 큰 압력에 직명하게 될 것이라 예상했다.

2. 사회건설을 중시하고 추진하는 중국정부

중국정부가 줄곧 경제사회의 조화로운 발전을 추진하려고 물질문명 건설과 정신문명 건설을 함께 강화한 점에서는 사실 상당한 성과를 이룩하였다. 그럼에도 불구하고 중국정부가 발전전략을 체계적으로 조정하고, 경제성장으로 인해 봉착할 수 있는 사회적 도전에 정식으로 깊은 관심을 돌리기 시작한 것은 21세기 초부터였다. 2002년에 개최된 중국공산당 16기 당 대표대회는 중요한 전환점이었다고 할 수 있다. 그때부터 과학적 발전관은 중국 발전의 지도사상으로 확립되었고 조화로운 사회를 구축하는 일이 정부에서 극력 추진하는 사업 중점으로 되었다.

1) 사람을 근본으로 하는 발전관을 적극적으로 봉행

과학적 발전관이란 중국공산당 16기 3차 전원회의에서 분명히 천명한 것으로, 사람을 근본으로 하는 전면적이고 조화로운 지속 가능한 발전을 추구하는 사상을 가리킨다. 과학적 발전관은 결코 경제성장과 GDP 성장을 부인하지 않는다. 과학적 발전관은, 경제성장과 GDP 성장이 궁극적으로는 광범위한 대중들의 물질적 문화 수요를 만족시켜주고, 인간의 전면적인 발전을 보장해줘야 한다고 역설하고 있다. 사람은 발전의 근본 목적이다. 과학적 발전관에 있어서, 첫 번째 요지는 발전이고, 핵심은 사람을 근본으로 하는 것이며, 기본 요구는, 전면적이고 조화롭고 지속 가능하게 발전하는 것이며, 근본적인 방법은 전반적으로 골고루 돌보는 것이다. 이는 중국공산당이 발전의 길 문제에서 국내외 경험과 교훈을 폭넓게 종합하여 21세기 새로운 단계인 당과 국가의 사업발전이라는 국면에 입각하여, 발전의 의미를 풍부히 하는데 착안하고, 발전의 관념을 혁신하며, 발전의 사고방식을 개척하고, 발전하는데 장애가 되는 난제를 해결하기 위하여 제기한 중대한 전략적 사상이었다.

"사람을 근본으로 삼는다"는 것은 과학적 발전관의 핵심철학이었다. "사람을 근본으로 삼는다"는 것은 "신을 근본으로 삼는다", "물질을 근본으로 삼는다"는 철학에 대한 상대적인 말인데, 이는 인간 자체의 가치를 강조하면서 인성으로 신성(神性)을 반대하고 인권으로 신권을 반대해야 한다는 것을 강조한 것이며, 사람이 물질보다 소중하다는 것을 강조하였다. 여기서 말하는 사람은 추상적인 사람, 구체적인 어느 한 사람이나 일부 사람이 아니라 인민대중을 가리키는 것이다. 새로운 시기, 새로운 단계에 중국 정부는 "사람을 근본으로 삼는다"는 사상을 주로 실제 업무 가운데서 객관적으로 존재하는 편파적이고 비과학적인 발전관을 겨냥하여 제기했던 것이다. 이와 같은 발전관은, 발전이란 경제의 쾌속적인 운행이며, 국내 GDP의 급성장이라고 인정하면서 인민대중들의 수요나 이익을 등한시 하거나 심지어 이익에 손해를 주어 경제사회의 불균형을 초래하였고, 사회의 단합과 화합을 파괴하였다. 이런 발전관이 바로 사람들이 말하는 물질만 추구하고 사람을 등한시하는 것인데, 그 실질은 "물질을 근본으로 하는" 사상으로서 이 사상과 "사람을 근본으로 하는" 사상과는 반대되는 것이다. 우리가 발전과정에서 사람을 근본으로 한다는 사상을 견지하는 것은, 언제나 가장 광범위한 인민들의 근본이익을 당과 국가의 모든 사업의 출발점과 귀착점으로 삼고 광범위한 인민들의 근본이익을 실현하고 수호하기 위해 전력을 다하며, 날로 늘어나는 인민들의 물질문화 수요를 끊임없이 만족시켜주면서, 인민을 위해 발전하고 인민에 의존해 발전하며 발전성과를 인민들이 공유하게 함으로써, 인민들의 발전에 추진하고 경제사회의 조화로운 발전을 추진케 하려는 것이다.

새로운 시기 새로운 단계에서 사람을 근본으로 하는 과학적 발전관을 견지토록 하게 하는데 있어서의 관건은 통일적으로 계획하고 돌보는 것이라는 점을 중국정부는 분명히 의식하고 강조하였다. 중국 특색의 사회주의 사업에서의 중대한 관계를 정확히 인식하고 적절하게 처리하려면 도시와 농촌의 발전, 지역 간의 발전, 경제와 사회의 발전, 사람과 자연 간의 조화로운 발전, 국내 발전과 대외 개방을 통일적으로 계획해야 하며, 중앙과 지방의 관계를 통일적으로 계획하고 개인의 이익과 집단의 이익, 국부적 이익과 전반적 이익, 당면의 이익과 먼 미래의 이익을 통일적으로 계획함으로써 각 분야의 적극성을 충분히 불러일으켜야 한다. 국내와 국제라는 두 개의 대국

(大局)을 통일적으로 계획하면서 세계적 안목을 키우고 전략적 사유를 강화함으로써 국제형세의 발전과 변화과정에서의 발전에 기회를 포착하고, 위험이나 도전에 잘 대처할 수 있는 국제적 환경을 조성해야 한다. 정부는 전체적인 국면을 총람할 것을 강조하고 통일적으로 계획하는 것을 강조해야 할 뿐만 아니라, 전체적으로 영향을 줄 수 있는 주요 사업을 강화하고 대중들의 이익과 관련되는 중요한 문제를 포착하고 이를 추진하는데 전력을 다하고 중점을 돌파해야 할 것이다.

2) 사회적 모순을 완화시키는데 힘써야

중국은 인구가 많고 경제성장이 급격했고, 공업화와 도시화를 급속도로 추진하는가 하면 현대의 기술을 대거 도입하고 혁신하며, 조직과 제도적 시스템을 끊임없이 조정하고 변혁하는 과정에서 이익구조와 가치관이 매우 심각한 변화를 보여주고 있다. 더구나 경제 글로벌화와 여러 가지 국제적 요인의 영향으로 인해 중국사회에 여러 부조화적 요인이 나타나고 사회적 모순이 많이 발생하고 있거나, 심지어는 사회적 위기까지 초래하고 있는데, 그렇게 된 데에는 대체적으로 필연성을 가지고 있다. 이런 필연성을 의식한 중국정부는, 사회적 모순에 대한 존재를 직시하며, 중국사회 모순의 일부 추세 즉 돌발성·성장성·광범성·집단성·복잡성·조변성·위해성을 면밀히 검토해야 한다고 강조하였다.

하지만 전통적인 계급 투쟁적 사유와는 달리 중국 정부는 중국사회의 모순과 그 성질을 과대평가하는 것을 주장하지 않을 뿐만 아니라, 사회주의 조건 하에서 중국사회가 봉착한 각종 모순은 인민 내부의 모순이 위주이고, 국부적인 제도적 불균형으로 인한 모순이므로,

능히 통제할 수 있고 처리할 수 있다고 인정하고 있다. 중국공산당 16기 6차 전원회의에서는, "조화로운 사회는 중국 특색의 사회주의의 본질적 속성이며, 국가가 부강하고 민족이 부흥하며 인민이 행복할 수 있는 중요한 보장이다"라고 분명히 밝혔다.

중국의 지도자들은 마르크스주의 의식형태 중에서 사회적 화를 추구할 수 있는 이론적 근거를 찾아냈으며, 또한 마오쩌둥, 덩샤오핑 등의 인민 내부의 모순과 관련된 사상을 계승 발전시켰다. 마오쩌둥은 일찍이 사회주의의 기본 모순에 관한 이론을 제기하였고, 그러한 모순에는 두 가지의 다른 성질이 부딪치는 것이 모순이라는 학설을 창안했으며, 이를 위해 민주적 방법을 배우고 활용하여 인민 내부의 모순을 해결할 것을 요구했다. 즉 "백화제방, 백가쟁명"이라는 방침을 통하여 과학 · 문화 분야의 모순을 해결하고, "장기적으로 공존하고 상호 감독한다는 방침"을 통하여 공산당과 민주당파 간의 모순을 해결하며, "통일적으로 계획하고 골고루 돌보며, 적절하게 안배" 한다는 방침을 통하여 전국 도시와 농촌의 각 계층 그리고 국가 · 집단 · 개인 삼자 간의 모순을 해결해야 한다고 했다. 덩샤오핑은, 사회주의 사회는 빈부격차를 없애고 다 같이 부유해지도록 해야 하며, 모든 적극적인 요소를 동원하고 소극적인 요소를 적극적인 요소로 전환시키고자 노력해야 하며, 단결할 수 있는 모든 역량을 단결시켜야 하는 중요성을 강조하면서 이는 첨예한 사회적 모순을 피하는 데 있어서 반드시 거쳐야 할 과정이라고 인정하였다.

사실 화합을 소중히 여기고(和爲貴), 공통점을 찾고 다른 점은 배제하며, 모순을 제거하고 대동(大同)을 도모한다는 사상은, 중국 문화의 고유한 지혜를 충분히 구현한 것이었다. 화합을 소중히 여겨야 한다는 사상은 공자가 제시한 말이다. 이밖에 묵자는 모든 사람을 다

같이 서로 사랑해야 한다는 '겸상애(兼相愛)' 사상과 사랑은 평등해야 한다는 "애무차등(愛無差等)"이라는 이상적 사회 방안을 제시했으며, 맹자는 집안 어른들에게 효도하는 것처럼 다른 집 어른들에게도 효도하는 것을 잊지 말아야 하며, 자기 자손들을 키우고 교육시킬 때 다른 집 어린이들도 잊지 말아야 한다는 "나의 노인을 나의 노인으로 모시듯 남의 노인에게 미치게 하고, 나의 아이를 나의 아이로 돌보듯 남의 아이에게 미치게 한다(老吾老以及人之老, 幼吾幼以及人之幼"라는 사회사상을 제시했다. 『예기 · 예운』에서는, '대동세상'의 세계상을 묘사하였다. 근대 사상가인 캉여우웨이(康有爲)는 『대동서』에서 사람들 간에 서로 친하고 사람마다 모두 평등한 것은 천하가 모든 사람의 것이라는 "사람들 간에 서로 친하고, 사람마다 모두 평등하니, 천하는 모든 사람의 것(人人相親, 人人平等, 天下爲公)이라고 하는 이상적 사회를 만들어야 한다고 역설했다. 이 같은 사상은 어느 정도 조화롭고 안정된 생활에 대한 서민들의 동경이 반영된 것이었다. 중국의 지도자들은 중국의 전통적 문화 중에서 보다 많은 지혜를 섭취하고, 또한 사회주의 제도를 활용하여 사회성원들 간에 조화롭게 지내도록 노력하고 있는 것이다.

3) 효과적인 행동을 통하여 사회적 진보를 추진할 것을 강조

서방 자유주의 경제학자들은 이른바 경제성장의 "낙수효과(trickle down effect)"를 적극 고취하면서 경제가 지속적으로 성장하고, 소득이 지속적으로 증대하면 기타의 모든 사회 문제는 언젠가 저절로 해결된다고 생각해 왔다. 중국 경제성장의 길에서도 이와 유사한 '단계론'이나 '대가론'이라는 잘못된 인식이 있었다. 경제사회의 불균형, 사회의 부조화는 특정된 사회 발전단계에서 나타나는 필연적인 현상이었고, 경제발전의 필연적 대가이므로 경제가 어느 정도 발전하여 사회가 새로운 단계에 들어서면 사회사업이 자연히 발전하고, 사회적 조화를 자동적으로 이룩할 수 있다는 인식이 있었다. 현재 중국정부는 서방 자유주의 경제학자들의 견해를 버리고, 잘못된 인식에서 벗어나, 보다 적극적인 작용을 강화하고 소극적으로 기다리는 경향을 부정하면서 경제성장 과정에서 부딪치는 준엄한 사회적 도전에 대처하고 있다. 하지만 중국 정부가 사회적 진보를 추진하는 작업은 중국 특색의 사회주의 사업의 전반과정에서 보여지는 장기적인 역사 과업이므로 경제성장 단계와 경제성장 수준을 벗어나 개별적으로 무모하게 진행할 수 없다는 점을 깊이 인식하게 되었다. 사회를 건설함에 있어서 현실에 근거하고 미래를 고려하며, 힘에 맞게 움직이고 최선을 다하며, 통일적으로 계획하는데 착안하고 협동 추진하며, 건설을 우선적으로 하고 협력하여 건설하며, 이들 모두가 성과를 누리는 것이 중요하다는 것을 인식하였다.

중국 정부는 사회건설을 실제적으로 추진하는 면에서, 정부의 직무능력을 전환하는 것을 강조하고, 공공서비스를 제공하는 면에서의 정부의 중요한 작용을 충분히 발휘하게 하면서 서비스형 정부를 만들어가고 있다. 중국 정부는 기본 공공서비스를 공공제품으로 간주하여 전 국민에게 제공하고, 공공 재정제도를 개선하여 정부의 보장능력을 향상하며, 기본 공공서비스의 성과에 관한 심사와 행정 문책을 강화하여 정부의 서비스 직책을 확실히 이행하며, 국정에 부합되는 완전한 도시와 농촌을 커버하는 지속 가능한 공공서비스 시스템을 구축하여, 도시와 농촌 주민들 간의 생활수준과 공공서비스 격차를 점차 줄이며, 기본 공공서비스 균등화를 추진하여 전국민이 발전성과를 향유하도록 노력해야 한다고 제안하였다. 그렇다고 중국

정부가 정부에서 전적으로 공공서비스를 제공해야 한다고 주장하는 것이 아니라, 기본 서비스 제공방식을 개혁하고 경쟁 메커니즘을 도입하여 공공서비스 구매(정부에서 직접 제공하던 공공서비스 사항을 자질이 있는 사회조직이나 시장기구에 맡기며, 사회조직이나 시장기구에서 제공한 서비스 양과 서비스 질에 근거하고 일정한 기준에 의해 평가한 다음 서비스 비용을 지불하는 서비스 제공방식-역자주) 폭을 확대함으로써 서비스 제공 주체와 제공방식의 다원화를 실현해야 한다고 주장하였다. 동시에 비(非)기본 공공서비스 시장개혁을 추진하고 시장에 대한 진입규제를 완화하여 사회자본이 여러 가지 방식으로 공공서비스 분야에 참여하도록 격려하며, 공급 능력을 다각도로 강화하여 대중들의 다양한 수요를 만족시켜줘야 한다고 주장했다.

제도를 구축하는 것을 강화해야 한다고 적극 주장하는 것은 정부가 사회의 진보를 추진하는 방면에서 취한 또 하나의 중요한 정책방향이었다. 제도는 사회이익을 조율하고 사회질서를 수호하는 중요한 규칙을 정하는 일이므로, 제도를 구축하는 것은 사회적 공평과 정의를 촉진하는 방면에서 실질적인 의의를 가지며, 사회의 공평과 정의를 실현하는 근본적인 보장이 되는 것이다. 대체적으로, 사회의 공평이란 우선 제도적 장치의 합리성 문제를 가리키는데, 제도적 장치가 한 사회의 기본구조를 결정하기 때문이다. 합리적인 제도적 장치를 설계하는 것을 통하여 사회구성원들이 사회활동 가운데서의 권리, 책임과 이익의 관계를 분명히 규정하고 합당한 사회적 지위와 구조, 그리고 사회 자원의 적절한 분배제도를 확립함으로써 질서정연한 사회 운영상황에서 사회구성원 누구나 자기가 있을 자리에서 자신의 능력을 다 발휘하도록 하며 조화롭게 지내게 하는 것이다. 합리적인 제도장치로서의 사회공평은 주로 제도를 설계할 때 사회 구성 원들의 공평한 권리, 공평한 규칙, 공평한 분배를 보장하느냐 하는 데서 구현된다. 중국공산당 16기 6차 전원회의에서는, 반드시 사회의 공평과 정의를 보장하는데 중대한 역할을 할 수 있는 각종 제도를 구축하여 인민들의 정치 · 경제 · 문화 · 사회 등 방면의 권리와 이익을 보장해 주어야 하며, 공민들이 법에 따라 권리를 행사하고 의무를 이행하도록 인도해야 한다고 강조했다. 특히 민주적 권리보장 제도를 개선하여 인민들이 주인 노릇을 할 수 있는 정치적 지위를 공고히 하며, 법률과 제도를 개선하여 조화로운 사회를 구축하기 위한 법치적 토대를 공고히 하며, 사법제도 시스템을 개선하여 조화로운 사회를 위한 사법보장을 강화하며, 공공 재정제도를 개선하여 기본 공공서비스의 균등화를 점차 실현하고 소득 분배제도를 개선하여 소득 분배질서를 규범화하며, 사회 보장제도를 개선하여 대중들의 기본 생활을 보장해주었던 것이다.

3. 중국사회를 건설함에 있어서 중시해야 할 몇 가지

경제사회의 조화를 촉진하고 중국 특색의 사회주의 사업의 안정적인 지속 발전을 추진하기 위해 중국 정부는 21세기에 들어선 후 사회사업 분야의 건설을 강화했으며, 또한 중국공산당 16기 6차 전원회의에서 2020년의 주요 목표와 과제를 분명히 제시했다. 그중 가장 두드러지며 전체 국면에 영향을 줄 수 있는 사업은 세 가지라고 할 수 있다.

1) 민생을 중점으로 사회건설을 가속화해야 한다

반복적인 토론과 검토를 거쳐 중국공산당 17기 당 대표대회는 중국사회주의 건설에서 중점적으로 부각할 것이, 경제를 발전시키는 토대 위에서 민생을 보장하고 개선하며, 사회 제체개혁을 추진하고 공공서비스를 확대하며, 사회적 관리를 개선하고 사회의 공평과 정의를 추진하여 전체 인민들이 공부하려면 배울 수 있고, 일을 하면 소득이 있으며, 병이 나면 치료할 수 있고, 노년에 부양해 줄 사람이 있으며, 사람마다 머물 수 있는 집이 있는 조화로운 사회건설을 추진하는 것이라고 더욱 명확히 하였다. 그 중에는 6가지 방면의 구체적인 과제를 포괄하고 있다.

첫째, 교육을 우선적으로 발전시켜 인적 자원 강국을 건설하는 것이다. 인재 양성을 근본으로 하고, 도덕 교육을 우선으로 하는 교육방침을 두며, 자질교육을 실시하고 교육의 현대화 수준을 향상하여 덕육·지육·체육·미육이 전체적으로 발전한 사회주의의 후계자를 양성하며, 인민들이 만족하는 교육시스템을 구축해야 한다. 교육구조를 최적화하고 의무교육의 균형발전을 추진하며, 고등단계 교육을 촉진 보급하고 직업교육을 대대적으로 발전시키며, 대학교 교육의 질을 향상시켜야 한다. 취학연령 전의 교육을 중시하고 특수교육에 관심을 기울여야 한다. 교육이념을 혁신해야 하기 때문에 교수내용과 방식, 시험과 학생모집 제도, 교수 평가제도 등 개혁을 심화하며, 고등학교·중학교·초등학교 학생들의 부담을 줄이고, 학생들의 종합적인 자질을 향상시켜야 한다. 교육의 공익성을 견지하고 교육에 대한 재정 투자를 늘려야 하며, 빈곤지역과 각 민족지역의 교육을 지원해주며, 학생들에 대한 경제적 지원제도를 개선하여 경제상황이 어려운 가정의 자녀들과 도시에 들어와 아르바이트를 하는 농민들의 자녀들 등도 의무교육을 받을 수 있도록 해야 한다. 교사의 조직건설을 강화해야 하므로, 농촌지역 교사들의 자질을 중점적으로 향상시켜야 한다. 사회적 힘으로 교육기구를 창설하는 것을 지원하고 규범화시켜야 한다. 원격교육과 재교육을 발전시키고 전 국민이 학습하고 평생학습하는 학습형(型) 사회를 구축해야 한다.

둘째, 취직의 확대 발전전략을 실시하여 창업을 통해 취직을 인도하도록 해야 한다. 적극적인 취직정책을 강구하고 정부의 인도를 강화하며, 시장 취직 메커니즘을 보완하고 취직규모를 확대하며, 취직구조를 개선해야 한다. 자주창업 지원정책과 스스로 직업을 구하는 정책을 개선하고 취직에 대한 관념교육을 강화하여 보다 많은 근로자들이 창업자가 되게 해야 한다. 전체 근로자들을 겨냥한 직업교육 양성제도를 보완하고 농촌의 잉여노동력을 전환시키기 위한 취직양성을 강화해야 한다. 통일적이고 규범화한 인적자원 시장을 구축하고 도시와 농촌근로자들이 평등하게 취직할 수 있는 제도를 출범시켜야 한다. 모든 빈곤층을 대상으로 하는 취직 지원제도를 보완하고 무 직장(零就業) 가정을 도와 그들의 취직난을 제때에 해결해줘야 한다. 고용관계를 조율하고 규범화시키고 농민공(農民工)들에 대한 국가의 정책을 개선하고 실현하여 근로자들의 권익을 법적으로 지켜주어야 한다.

셋째, 소득 분배제도에 대한 개혁을 심화하여 도시와 농촌주민들의 소득을 늘려줘야 한다. 노동에 따라 분배하는 제도를 주체로 하여 여러 가지 분배방식이 공존하는 분배제도를 견지하고 개선하며, 노동·자본·기술·관리 등의 생산요소를 공헌과 참여에 따라 분배하는 제도를 보완해야 한다. 분배·재분배 효율과 공평한 관계를 잘 처리해야 하며 재분배해서 공평성을 더욱 중시해야 한다. 국민 소득 분배에서의 주민 소득비례를 점차 늘리고, 처음 분배에서의 노동 보수비례를 점차 늘려야 한다. 저소득층의 소득증대에 주력하고 빈곤에 대한 부축표준과 최저 임금표준을 점차 높이며, 종업원 임금 인상 메커니즘과 지불 보장 메커니즘을 구축해야 한다. 합법적인 소득을 보호하고 지나치게 높은 소득을 관리하며, 불법 소득을 단속해야 한다. 지출을 확대하고 세수에 대한 조정을 강화하며, 독점적 경영을 타파하고 공평하게 경쟁의 기회를 마련해줘야 하며, 분배질서를 정리하여 소득격차가 벌어지는 추세를 점차 바로잡아야 한다.

넷째, 도시와 농촌주민들을 커버할 수 있는 사회보장 시스템을 구축하여 인민들의 기본생활을 보장해 주어야 한다. 사회보장 · 사회구조(救助) · 사회복지를 토대로 하고 기본 양로 · 기본 보건 · 기초생활에 대한 보장 제도를 중점적으로 설립하며, 자선사업 · 상업보험을 보충하는 사회 보장시스템을 구축해야 한다. 기업 · 기관 · 사업기구(비수익 기구−역자 주) 기본적인 양로보험제도를 개혁하며, 농촌 양로보험제도를 조사하고 구축해야 한다. 도시의 종업원 기본 건강보험 · 도시 주민의 기본적인 건강보험 · 신형의 농촌합작 건강보험제도를 구축하고 추진해야 한다. 도시와 농촌 주민들의 기초생활 보장제도를 개선하여 보장수준을 점차 향상시켜야 한다. 실업 · 공무 중 부상 · 생육보험 제도를 보완해야 한다. 통일 계획차원을 높이고 전국적으로 일괄된, 사회보험 관계를 이전시키고 지속할 수 있는 방법을 제정해야 한다. 여러 가지 방도를 강구하여 사회보장 기금을 보강하고 기금 관리를 강화하여 가치증식을 보증해야 한다. 사회구조시스템을 보완해야 한다. 우대 무휼(撫恤)배정사업을 잘해야 한다. 인도주의 정신을 발양하고 장애인사업을 발전시켜야 한다. 노년에 대한 보장사업을 잘해야 한다. 재해를 예방하고 줄이는 사업을 강화시켜야 한다. 염가주택제도를 보완하고 도시 저소득가정에 대한 주택난을 하루 속히 해결해줘야 한다.

다섯째, 기본적으로 보건제도를 구축하고, 전 국민의 건강 수준을 향상토록 해야 한다. 공공 보건 분야의 공익성을 바탕으로 해야 한다. 예방을 위주로 하고 농촌을 중점으로 실시해야 하며, 중국의학과 서양의학을 함께 중시하는 것을 견지해야 한다. 행정기관과 비수익성 기구를 분리하고 감독 관리기관과 직능기구를 분리시키며, 치료와 약품사용을 분리하고, 수익성과 비수익성을 분리해야 한다. 정부의 책임과 투입을 강화하고, 국민의 건강정책을 개선하며, 사회 참여를 고무시켜야 하며, 도시와 농촌 주민들을 아우를 수 있는 공공 보건시스템 · 보건 서비스시스템 · 의료 보장시스템 · 약품 공급 보장시스템을 구축하여 대중들에게 안전하고 효과적이고 편리하고 저렴한 보건서비스를 제공해야 한다. 중대한 질병을 예방하고 통제할 수 있는 시스템을 보완하고 돌발적인 공공 보건사건에 대처할 수 있는 응급조치 능력을 향상시켜야 한다. 농촌 보건 3급(현, 향과 진, 촌을 단위로 하는 세 가지 유형의 보건 서비스 – 역자 주) 서비스시스템과 도시지역사회 보건서비스 시스템을 구축하고 보강하며, 공립병원 개혁을 심화시켜야 한다. 국가의 기본 약물제도를 구축하여 대중들의 기본적 약품수요를 보장해야 한다. 중의약과 민족의약이 발전할 수 있도록 도와줘야 한다. 의료인의 도덕과 의료기풍을 개선하고 보건서비스의 질을 향상시켜야 한다. 식품과 약품 안전을 확실하게 보장해야 한다. 계획생육이라는 기본 국책을 유지하고 저출산 상황을 안정시키며, 출생인구 자질을 향상해야 한다. 애국 위생적인 운동을 전개하고 보건사업을 발전시켜야 한다.

여섯째, 사회적 관리를 개선하여 사회의 안정과 단결을 수호해야 한다. 중공 당위원회의 지도를 보강하고, 정부의 책임을 강화하며, 사회적 협동을 늘리고, 대중들이 참여하는 사회 관리구조를 개선해야 하며, 기층사회의 관리체제를 완비해야 한다. 사회의 창의적 활력을 최대한도로 분발시키고, 조화요소를 최대한도로 늘리며, 부조화 요소를 최대한도로 줄여야 한다. 이민 내부의 모순을 타당하게 처리하고 민원제도를 개선하며, 당과 정부 주도하에서의 대중 권익수호 메커니즘을 보완해야 한다. 사회조직의 건설과 관리를 중시해야 한다. 유동인구에 대한 서비스와 관리를 강화해야 한다. 안전하게 발전해야 한다는 방침을 견지해야 한다. 안전한 생산관리와 감독을 강화하여 중대 안전사고 발생을 효과적으로 억제하도록 해야 한다. 비상사건 응급관리시스템을 개선해야 한다. 사회의 치안예방 통제 시스템을 보완하여 사회 치안 종합처리 능력을 강화하며, 평안 구축 활동을 깊이 있게 전개해야 한다. 도시와 농촌의 지역사회 치안업무를 개혁하고 강화하며, 불법 및 범죄 행위를 법에 따라 방지, 단속함으로써 인민들의 생명과 재산 안전을 보장해야 한다. 국가 안전 전략을 개선하고 국가 안전체제를 보완하며, 국가를 분열하고 침투하고 전복시키려는 각종 활동에 대해 경계하고 방지함으로써 국가의 안전을 확실히 수호할 수 있도록 해야 한다.

중국 정부가 반포한 수치에 따르면, "11차 5개년" 계획 기간(2006~2010년)에 "공농·교육·보건" 등 민생 분야에 재정지출을 대량 투입하여, 지출총액이 "10차 5개년" 계획 기간의 3배에 달하여 연 평균 20% 성장했으며, 중국 GDP 연 평균 성장세를 대폭 초과했다. 2010년, 전국적으로 교육·보건·사회보장과 취직·보장 주택·문화 체육·농림 수리·환경보호·교통 운송·도시 및 농촌지역사회 사무·식량 및 식용유 물자 비축·지진 재해 복구 및 재건 등 민생을 보장하고 개선하는 방면에 지출한 재정자금이 총 5조 9,601.82억 위안에 달하여 전국 공공재정 지출의 2/3을 차지했다. 그중 교육 · 보건 · 사회보장 및 취직 · 보장 주택 · 문화 채육 방면의 지출이 총 2조 9,256.19억 위안에 달하여 전국 지출의 32.6%를 점했다.

2) 지역사회의 건설을 중점으로 하여 사회의 재편성을 추진해야 한다

직장제도 변혁이 심화되고 사회의 유동이 심해지면서 유발된 사회 성원간의 조직적 연계가 약화되는 문제를 효과적으로 대처하고자 중국 정부는 지역사회 건설을 강화하면서, 기층 지역사회에 대한 주민들의 친밀감을 증진시키고, 이동민(특히 '농민공')들이 지역사회에 유입하고 전입하는 것을 추진하여 사회 성원들의 귀속감과 상호 간의 연계 그리고 협력을 강화할 것을 강조하였다. 동시에 정부는 사회 성원들의 자기 조직화, 자체 서비스, 자기 관리를 적극 격려했으며, 여러 유형의 사회조직(민간조직)이 안정적으로 발전하게 했다. 특히, 중국 정부는 기층 당 조직건설을 강화하여 중국공산당의 사회 성원에 대한 동원과 조직적 역할을 확실히 보장하였다.

중국공산당 16기 6차 전원회의는, 지역사회건설을 지속적으로 추진하여 지역사회 서비스를 개선하고 관리시스템을 개선해야 한다고 밝혔다. 즉 도시지역의 사회건설을 전면적으로 전개하고, 농촌지역의 사회건설을 적극 추진하며, 신형의 지역사회 관리체제와 서비스 체제를 완벽하게 만들어, 지역사회에 대한 관리가 질서 있고 서비스가 완벽한, 문명적이고 화목한 사회생활의 공동체로 만드는 것이다. 주민(촌민) 자치를 보완하고 주민(촌민)위원회가 정부를 협조하여 공공서비스와 사회관리 업무를 수행하는 것을 지지하며, 거주지역의 회사, 지역사회의 민간조직, 건물의 관리기구, 전문적인 합작경제 조직이 지역사회 건설에서의 역할을 적극 발휘케 하여 정부의 행정관리와 지역사회의 자기관리를 효과적으로 연계시키고, 정부가법에 따라 행정하고 주민들이 법에 따라 자치하는 시너지효과를 실현시킨다. 유동인구에 대한 서비스와 관리를 강화하여 유동인구와현지 주민들이 화목하게 보내도록 한다. 지역사회의 공공 서비스를개선하고 지역사회의 대중적 자조(自助)서비스와 상조(互助)서비스활동을 전개하여 지역사회서비스를 발전시킨다. 민정부에서 반포한수치에 따르면, 2010년 말까지 중국의 대중적인 기초 자치조직이총 68.2만 개인데, 그 중 촌민위원회가 59.5만 개, 지역사회 주민위원회가 8만 7,057개이다.

중국 정부는 사회성원들의 자기 조직화를 격려하고자 사회조직의안정적이고 질서 있는 발전을 적극 추진하고, 사회조직의 육성 발전과 관리 감독을 병행하는 정책적 방향을 제시하면서, 사회조직이 서비스를 제공하고 요구를 반영하며, 규범화 작용을 발휘할 수 있도록시도했다. 정부는 사회조직에 대한 관리를 개선하려고 노력하고, 각기 그 사무를 관장하며, 조화롭게 협동하고, 직급별로 책임지며, 법에 따라 감독 관리하는 사회조직 관리체제를 구축하고 보완할 것을제안했다. 정부는 경제 관련, 공익성 자선 관련, 민영 비영리 기업관련, 도시와 농촌지역사회와 관련한 사회조직을 중점적으로 육성하고 우선적으로 발전시켰다. 업계 협회, 상회의 개혁과 발전을 추진하여 업계의 자율성을 강화하고 기업과 정부 간의 소통 역할을 발휘토록 했다. 특히 변호사 사무소, 공증 기구, 회계 사무소, 자산평가기구 등을 발전시키고 규범화했으며, 사회의 힘으로 교육·과학기술·문화·보건·체육·사회복지 등 분야의 민영 비영리기업을 창설하도록 독려했다. 정부는 지원정책을 보완하고 정부 부문의 직능을 사회조직으로 이행하는 것을 추진함으로써 사회조직에 보다 많은 공공자원과 공공분야를 개방하며, 세수의 우대 종류와 범위를 확충하겠다는 약속을 했다. 민정부에서 반포한 수치에 따르면, 2010년 말까지 전국적으로 각 유형의 사회조직이 44.6만 개소, 그중 사회단체가 24.5만 개소, 민영 비영리기업이 19.8만 개소, 기금회가 2,200개소이다.

정부는 또 자선사업과 자원봉사사업을 발전시키기 위한 사회의 재편성을 추진하고, 사회의 재통합을 촉진케 하는 중요한 작업으로 간주하였다. 중국공산당 16기 6차 전원회의 보고와 17기 전국대표대회 보고에서는, 자선사업을 발전시키고 사회 기부 관련 면세와 감세정책을 보완하여 전 사회의 자선의식을 증강시키며, 서로 배려하고 사회를 위해 봉사하는 것을 주제로 하는 도시와 농촌의 사회 지원 봉사활동을 심도 있게 전개하고, 정부서비스, 시장서비스를 연결해주는 사회 지원 봉사시스템을 구축하여 남녀가 평등하며, 노인을 존중하고 어린이를 사랑하며, 상애상조(相愛相助)하며, 정의로운 일에 용감히 나서는 사회적 기풍을 형성케 함으로써 한 사람이 모두를 위해, 모두가 한 사람을 위해 봉사하는 사회적 분위기를 조장하고자 노력해야 한다고 밝혔다.

더욱 중요한 것은, 중국공산당이 자체 조직건설을 매우 강조하면서 사회의 동원력과 조직력을 확실하게 보장한데서, 사회 동원력과 조직력이 계속적으로 업그레이드할 수 있었다는 점이다. 중국공산당 16기 6차 전원회의는 당원과 당 조직이 지역사회건설에서의 작용을 강조하면서, 기층의 당 조직으로 민심을 응집시키고, 조화로운 사회를 추진하고 발전시키는데 협조할 수 있도록 유대관계를 돈독히 만들어야 한다고 밝혔다. 회의는 또 다음과 같이 밝혔다. 사회주의 새 농촌 건설을 둘러싸고 기층의 당 조직 건설을 강화하며, 기업, 도시지역사회, 기관과 학교, 과학 연구기구, 문화기구 등 사업단위(비수익성 기구-역자 주)의 당 조직건설을 착실히 진행해야 하며, 신 경제조직과 새 사회조직에 대한 건설 작업을 추진하고, 당 사업의 영역을 넓혀서 도시와 농촌이 일체가 된 당원 동향 관리시스템을 구축하며, 광범위한 당원들을 조직하고 동원하여 조화로운 사회를 추진하는데 솔선수범하는 역할을 하게 해야 한다. 대중들을 전적으로 믿고 대중들에게 전적으로 의존하는 대중적 관점을 굳건히 수립하며, 새로운 형세 하에서 대중사업의 특징과 법칙을 연구하고 파악하며, 온갖 방법을 다 동원하여 대중사업을 심도 있고 주도면밀하고 실제적으로 진행함으로써 당과 인민대중 간의 혈연적 관계를 시종일관 유지토록 해야 한다.

3) 생태문명을 건설하여 사회의 지속가능성을 보장해야 한다

앞에서 진술한 것처럼, 환경자원은 사회를 운영하고 발전시키는 중요한 물질적 토대이다. 환경 쇠퇴와 자원 고갈이 사회경제 운영과 발전에 날로 심각한 도전을 초래하는 것을 효과적으로 대응하기 위하여 중국 정부는 환경 보호를 강화하는 작업을 사회건설의 중요한 내용으로, 버팀목으로 간주하면서 자원절약형 사회, 친환경 사회를 건설해야 한다는 목표를 제기했다. 중국공산당 17기 대표대회 보고에서는, "생태 문명"을 건설해야 한다며 더욱 분명한 목표를 제기했고, 2020년까지 에너지 자원 절약형 산업구조와 생태환경 보호산업구조, 성장방식, 소비유형을 기본적으로 형성하며, 순환경제를 비교적 큰 규모로 형성케 하고 재생 가능 에너지의 자원 비례를 뚜렷이 늘리며, 주요 오염물 배출을 효과적으로 통제하고 생태환경의 질을 크게 개선하며, 전 사회적으로 생태문명에 대한 관념을 굳건히 수립해야 한다고 요구했다.

2011년 3월 16일 신화사는 권한을 부여받고 "중화인민공화국 국민경제와 사회 발전 12차 5개년 계획 요강"을 반포하였다. 그 중에는 "녹색 발전−자원 절약형, 친환경 사회를 건설하자"는 제목의 특별 부문을 개설하고, 전 지구적인 기후변화에 대응하고 자원절약과 관리를 강화하며, 순환경제를 대대적으로 발전시키고 환경 보호의 강도를 높이며, 생태 보호와 복구를 촉진시키고, 수리와 예방, 그리고 손실을 줄일 수 있는 시스템을 구축하는 등 중점 작업을 배치했다. '요강'은 다음과 같이 밝혔다. 날로 심각해지는 자연환경의 규제 앞에서 반드시 위기의식을 강화해야 하는데, 녹색과 저탄소의 발전 이념을 수립하고 에너지 절약과 오염물의 배출 감소를 중점으로 하는 지원제도와 통제제도를 보완해야 하며, 자원을 절약하고 친환경적인 생산방식과 소비의 유형을 하루 빨리 구축하여 지속 가능한 발전 능력을 증가시키고 생태문명 수준을 향상시켜야 한다. 특히 에너지절약과 오염물 배출의 감소에 대한 격려와 통제제도를 보완해야 한다. 에너지자원 구조를 최적화시키고 에너지자원 소비 총량을 합리적으로 통제하며, 자원형 제품가격의 형성구조와 자원환경에 대한 세금 제도를 개선하고, 에너지 절약과 오염물 배출 감소에 대한 법률과 법규 및 기준을 보완해야 한다. 에너지 절약과 오염물 배출 감소목표에 대한 책임지는 심사를 강화하여 자원절약과 환경보호를 생산 · 유통 · 소비 · 건설 각 영역과 각 절차에서 일반화시켜야 한다.

'요강'은 중국 12차 5개년 계획기간에 전국 경작지의 보유량을

1.818억 헥타르 유지해야 한다고 하여 자원절약과 환경보호 방면의 구체적 목표를 한 층 더 분명히 했다. 공업 부가가치 단위당 용수량을 30% 절감하고, 농업 경작지 관개용수의 효과적 이용계수를 0.53%로 높여야 한다. 1차 에너지자원에서 차지하는 비 화석에너지자원 비례를 11.4%에 달하게 한다. 국내총생산액 단위당 에너지자원 소모량을 16%로 줄이고 국내총생산액 단위당 이산화탄소 배출량을 17%로 줄여야 한다. 주요 오염물 배출 총량을 현저히 감소시켜야 하는데, 화학적 산소 요구량과 이산화유황 배출량을 각기 8%로 줄이고, 암모니아성 질소와 질소산화물을 각기 10% 줄여야 한다. 삼림 면적율을 21.66%로 늘리고 삼림 축적량을 6억㎥를 늘린다.

향후에도 계속하여 전 국민의 환경보호 의식을 향상시키고, 환경보호 기술을 개발하며, 관련 제도적 장치를 보완하고 환경보호 투자를 늘리는 등 토대 위에서 아래와 같은 몇 가지 방면의 관계를 타당하게 처리해야 하는데, 이는 우리나라 환경보호를 추진하고 지속 가능한 발전을 실현하는 것이 생태문명을 건설하는데도 지극히 중요하다. 첫째, 경제성장과 환경보호 간의 관계를 정확히 처리해야 한다. 둘째, 사회공정과 환경보호 간의 관계를 정확히 처리해야 한다. 셋째, 정부의 환경보호와 민간의 환경보호 간의 관계를 정확히 처리해야 한다. 넷째, 중앙정부와 지방정부 간의 관계를 정확히 처리해야 한다. 다섯째, 부문 환경보호와 전반 환경보호 간의 관계를 정확히 처리해야 한다. 여섯째, 환경보호 사업 가운데서 행정적 수단과 법제적 수단 간의 관계를 정확히 처리해야 한다. 일곱째, 환경보호 사업 가운데서 '하드웨어'와 '소프트웨어' 간의 관계를 정확히 처리해야 한다. 여덟째, 환경 파괴에 관한 구별책임과 공동책임 간의 관계를 정확히 처리해야 한다. 아홉째, 환경 분규에서 여러 당사자 간의 관계를 정확히 처리해야 한다. 열째, 환경 관리에서의 국부적인 면에서와 전반적인 면에서의 관계를 정확히 처리해야 한다.

제5장

중국 특색의 정당제도

정당제도란, 국가가 정당을 통하여 국가의 권력을 행사하고, 정치 활동을 진행하는 방식·방법·절차에 대한 제도적 규정을 말한다. 정당제도는 국가 정치제도의 중요한 조성부분으로서, 국가가 법률적으로 규정한, 관련 정당이 운영하고 있는 일부 규칙일 수도 있고, 현실생활 가운데서 형성된 관련 정당이 운영하고 있는 전통적 유형일 수도 있는데, 정당과 국가정권 간의 관계가 포괄될 뿐만 아니라, 각 정당 간의 관계가 포함되기도 한다. 경제 글로벌화, 세계 다극화, 과학기술의 급속한 발전이라는 시대적 배경 하에서 정당과 정당제도는 국가 정국의 안정, 경제와 사회의 발전, 그리고 세계질서에 상당한 영향을 주고 있는데서 날로 세상의 깊은 관심을 불러일으키고 있다.

중국의 정당제도는 중국공산당이 영도하는, 다수정당 합작과 정치 협상제도이며, 줄여서 다당(多黨, 여러 정당)합작제도라고 한다. 중국 정당제도는 중국 특색의 사회주의 정당제도로서, 서방 국

가의 양당제나 다당제와 다를 뿐더러 일부 국가에서 실행하는 일당
제와도 구별된다. 이 제도는 중국이 장기적인 혁명 · 건설 · 개혁의
실천 중에서 형성되고 발전되었으므로 중국의 국정에 부합될 뿐만
아니라 독특한 우위를 가지고 있다. 이 제도는 인민대표대회제도,
민족구역자치제도, 기층민중자치제도 등 제도와 함께 중국 특색의
사회주의 정치제도를 구성하여 당대 중국의 발전과 진보에 제도적
보장을 제공하고 있다. 중국이 날로 발전하고 강대해짐에 따라 갈수
록 많은 사람들이 중국의 정당제도에 대해 흥미를 보이고 있다. 여기
서 우리는 정당제도의 각도에서 중국의 길의 비밀을 풀어보고자 한다.

1. 다당 합작제도는 중국 국정에 부합되는 정당제도

국정은 국가의 정치 · 경제 · 사상 · 문화 등과 상호 연계되고 상호
작용하는 사회역사와 현실 존재의 총화이며, 정당제도를 결정하는
근본적 요소이다. 세계적으로 그 어떤 정당제도이든 모두가 인간이
주관적으로 설정한 것이 아니라 일정한 국정에서 형성하고 존재하고
발전하였다. 한 국가에서 어떠한 정당제도를 실행하느냐 하는 것은
그 국가의 국정, 예컨대 국가의 성질, 사회 구조, 경제발전 상황과
역사 문화전통 등에 의해 결정된다. 중국의 정당제도는 중국의 독특
한 사회의 역사적 조건 하에서 형성되고 발전되었으므로 깊은 역사
적 근원과 튼튼한 사회적 토대를 가지고 있다.

1) 다당 합작제도는 중국근대사 발전의 필연적 결과이다
중국이 무엇 때문에 다당제의 길을 걷지 않고, 중국공산당이 영

도하는, 다당 합작과 정치 협상제도를 실행하고 있을까? 우리는 우선 중국의 역사 속에서 그 답안을 찾아보자. 2000여 년이라는 봉건독재로 인해 중국에는 명실상부한 정당이 아예 존재하지 않았다. 1840년 서방 열강들은 아편을 통해 오래 되고 폐쇄된 중국의 문을 열었다. 중국은 그때부터 대외적으로는 독립적인 국가가 아니고 대내적으로는 민주가 없으며, 오랫동안의 빈곤과 쇠퇴로 인하여 전란이 끊이지 않는 반식민지, 반봉건사회 국가로 점차 전락하였다. 나라나 민족을 멸망의 위기에서 구하고 생존을 도모하고자 양심 있는 지사들은 서방의 정치학설과 정당이론을 익히게 되면서, 정치 단체를 창설하기 시작했다. 1905년 쑨원(孫文)이 중국 최초의 자산계급 혁명정당인 '중국동맹회'를 창설하여 근대 중국에서 정당정치의 서막을 열었다. 하지만 근대 중국의 반식민지, 반봉건사회라는 성격과 사회의 주요 모순으로 인하여 중국의 경제구조와 계급관계가 비정상적으로 복잡했는데, 제국주의와 봉건 독재세력은 너무나 강대하고 민주의식과 민주전통이 너무나 부족했다. 당시 봉건적 경제구조와 자본주의 경제가 병존하고, 관료주의 경제와 민족 자본주의 경제가 병존한데서, 계급 관계에서 양쪽이 작고 중간이 크며, 양쪽이 강하고 중간이 약한 특징이 나타났다. 제국주의와 봉건주의의 틈 사이에서 생겨난 민족 자본주의 경제는 몹시 취약했으며, 민족 자산계급이 천생적인 연약함과 타협성을 가지고 있었고, 더구나 제국주의와 봉건세력의 교란이라는 사회 역사적 조건하에서 중국이 자본주를 독립적으로 발전시킬 수 없었고, 강대한 자산계급 정당을 만들 수 없었으며, 또한 자본주의 정치제도와 정당제도를 구축할 수도 없었다.

신해혁명 후, 한때 중국은 서방사회를 모방하여 의회제와 다당제를 실행하면서, 크고 작은 정당이 300여 개나 되어, 정당이 난립하는 국면이 나타났다. 그들은 의회 민주, 정당 경쟁을 통하여 한 자리 차지하기를 희망했다. 하지만 필요한 경제적 조건과 문화적 조건이 부족했고, 정치적 환경이 조성되지 않은데서 다당제는 3개월 밖에 실행하지 못했으며, 국민당의 당수 쑹자오런(송교인, 宋教仁)이 암살되는 바람에 실패로 돌아갔으며, 다당제는 결국 일장취몽이 되었다. 이는 근대 이후 중국사회의 성질이, 서방의 정당제도가 중국에서 생존할 수 있는 토양이 없음을 말해주었다.

1927년 대혁명이 실패한 후, 장제스(蔣介石)가 국민당 일당 독재의 정당제도를 수립하고, "하나의 주의, 하나의 정당, 하나의 수령"이라는 독재통치를 완고하게 추진함으로써 중국은 고난의 구렁텅이에 빠져들게 되었다. 항일전쟁에 승리한 후, 국민당 장제스 집단은 중국공산당이 제안한 다당 정치협상을 실행하고, 민주 연합정부를 수립하자는 정치적 주장을 거절하고, 공공연히 정전협정과 정치적 협의를 파기하고 나서 제멋대로 내전을 일으키는 바람에 궁극적으로 정치적으로 고립되고 경제적으로 붕괴되었으며, 군사적으로 실패하는 결과를 초래하고 말았다. 대륙에서의 국민당 정권의 철저한 실각은, 중국의 민주정치 발전 조류를 위배하는 일당 독재 역시 중국에서 통하지 않는다는 것을 말해주었다.

근대 중국의 정치무대를 돌아보면, 비록 정당정치가 막강한 기세로 급속하게 태동할 때도 있었고, 우여곡절을 겪으며 정당제도를 탐색할 때도 있었지만, 많은 정당이 잠깐 나타났다가 사라지기도 하고, 반동의 길을 가다가 몰락하기도 했다. 근대 이후의 중국혁명의 성질은, 중국이 독특한 혁명의 길을 걸어야 할 뿐만 아니라 독창적이고 특색 있는 정당제도를 구축해야 한다는 것을 결정해 주었다. 이 같은 역사적 과업이 중국공산당의 어깨에 놓이게 되었던 것이다.

2) 중국공산당의 위대한 창조물-다당 합작제도

그 어떤 정당제도든 간에 존재하고 발전하려면 객관적 조건에 의존해야 할 뿐만 아니라 주관적인 조건에도 의존해야 한다. 이런 의미에서 중국공산당이 영도하는 다당 합작과 정치협상 제도는 역사적 필연일 뿐만 아니라, 마르크스 정당이론에 대한 중국공산당의 독창적인 발전이기도 하다. 마르크스주의 선진 정당으로서의 중국공산당은 중국혁명의 길을 탐색하고 중국 특색의 사회주의 길을 탐색하는 과정에서 중국이 어떠한 정당제도를 선택할 것인가 하는데 대하여 오랫동안 탐색하면서, 서방의 다당제를 포기했을 뿐만 아니라, 스탈린의 일당제도도 실행하지 않았으며, 중국 특색이 뚜렷한 다당 합작제도를 창설하였다.

마오쩌둥을 대표로 하는 중국공산당인들은 마르크스주의 통일전선 이론과 정당 이론을 중국의 구체적인 실제와 결부하여, 단합할 수 있는 모든 역량을 단합하고 연합할 수 있는 모든 정당을 연합하여 폭넓은 통일전선을 결성하자는 주장을 내놓았다. 대혁명시기와 항일전쟁시기, 중국공산당은 국민당을 재촉하여 두 번이나 국공(國共) 합작을 성사시켰다. 중국공산당은 하나의 당, 하나의 파벌, 하나의 계급을 통한 독재를 실행해서는 안 된다면서, "정권문제에서 우리는 통일전선 형식의 정권을 주장할 뿐만 아니라 다른 정당이나 파벌이 일당 독재를 실행하는 것도 찬성하지 않는다. 또한 공산당의 일당독재도 주장하지 않는다. 우리는 각 당, 각 파벌, 각계, 각 군이 연합한 연합 독재를 주장한다"고 거듭 분명히 전하였다. 중국공산당은 폭넓은 통일전선을 구축함으로써 민주당파를 비롯한 모든 진보 세력을 단합시킬 수 있었으며, 민족의 독립과 인민의 해방을 쟁취하기 위해 강력한 역량을 결속시킬 수 있었다.

1948년 4월 30일, 인민해방전쟁(국내전쟁-역자 주)이 결정적인 승리를 취득한 형세에서 중국공산당은 유명한 "5.1구호"를 반포, 각 민주당파, 각 인민단체, 사회 여러 분야의 현달(賢達)들에게 하루 속히 정치협상회의를 소집하고, 민주연합정부를 수립하자고 호소했다. 이 호소는 이내 각 민주당파와 무당파 인사들의 뜨거운 호응을 받았다. 그들은 전화, 성명, 공시, 선언 등의 형식을 통하여 중국공산당의 정치적 주장을 지지한다는 의사를 계속적으로 표하였다. 1948년 하반기에 각 민주당파는 중공중앙과 마오쩌둥의 요청을 수락하고, 대표를 해방구인 시바이포(西柏坡), 하얼빈, 다롄에 파견했으며, 후에 다시 베이핑(北平)에 모여 신 정치협상회의 준비 작업에 참여하여 건국 대계를 함께 의논했다. 1949년 9월 중국 인민정치협상회의 1차 전체회의가 베이징에서 성황리에 열렸다. 이는 중국공산당이 영도하는 다당 합작과 정치협상 제도가 공식적으로 확립되었음을 상징했다. 그로부터 중국의 정당제도가 새로운 한 페이지를 펼치게 되었던 것이다.

중화인민공화국이 수립된 초기, 마오쩌둥은 일부 사람들이 민주당파를 없애버리자는 견해를 겨냥하여 "머리카락 한 오리"와 "머리카락 한 줌"의 관계를 논하면서 "사회주의 건물이 곧 일어서겠지만 하나의 기둥으로는 지탱할 수 없다", "두 가지 만세"라는 구호를 제기하고, "장기간 공존하고, 상호 감독해야 한다"는 기본 방침을 제정하였다. 그리하여 다당 합작제도가 첫 번째 봄을 맞이하였다. 반우파 투쟁 이후, 당내의 '좌'적 착오사상이 조장됨으로 인하여 계급 투쟁 형세와 민주당파 성질에 대해 그릇된 판단을 하게 되면서, 다당 합작제도가 심각한 좌절을 겪게 되었다. 중국공산당 11기 3차 전원회의는 반란반정을 전면적으로 하면서 다당 합작제도가 두 번째 봄을 맞이하였다.

개혁개방 30여 년 동안, 중국공산당은 다당 합작의 역사적 경험을 과학적으로 총결하고자 이정표적인 의미가 있는 세 건의 중요한 문건을 채택하였다. 즉 1989년 12월 30일에 반포한 "중국공산당이 영도하는 다당 합작과 정치협상 제도를 견지하고 보완하는 데에 관한 중공 중앙의 의견", 2005년 2월 18일에 반포한, "중국공산당이 영도하는 다당 합작과 정치협상 제도의 건설을 점차 강화하는 것에 관한 중공중앙의 의견", 2006년 2월 8일에 반포한 인민정치협상회의 사업을 강화하는 것에 관한 중공중앙의 의견" 등이 그것이다. 이 문건들은 일련의 새로운 이론적 관점과 정책적 조치를 천명했는데 주로 다음과 같은 내용이 들어있다. 다당 합작과 정치협상제도는 우리나라의 한 가지 기본 정치제도라고 분명히 천명했다. 새로운 시기 각 민주당파의 성질과 지위를 분명히 천명했고, 중국공산당이 각 민주당파와 합작할 수 있는 정치적 토대를 분명히 마련했다. 중국공산당과 각 민주당파는 합작 관련 기본방침을 보완했다. 각 민주당파가 참여하는 주요 내용과 경로를 분명히 했던 것이다. 이 같은 내용들은 중국 특색의 사회주의 정당제도 건설과 법칙에 대한 깊은 인식을 구현했으며, 중국공산당이 영도하는 다당 합작과 정치협상 제도를 견지하고 보완하는데 이론적 지도와 정책적 근거를 제공해주었다. 중국공산당 15기, 16기, 17기 대표대회 보고에서는 다당 합작을 당의 기본강령이고 기본 경험이라고 밝혔다. 1993년 8기 전국인민대표대회 1차 회의에서 통과한 헌법 수정안은 "중국공산당이 영도하는 다당 합작과 정치협상제도는 장기적으로 존재하고 발전할 것이다"라는 내용을 보충하였다. 이로써 이 제도는 공식적으로 헌법에 기재되면서 국가의 의지로 격상되었으며, 헌법적으로 근거가 있게 되었다.

상기 내용을 볼 때, 중국공산당은 다당 합작을 일시적인 조치로 보는 것이 아니라 장기적으로 존재하는 기본 정치제도로 간주하고 있다는 것을 알 수 있다. 다당 합작 60여 년의 발전과정에서 중국공산당은 각종 혼란을 제거하고자 전력을 다했으며, 일련의 정확한 다당 합작방침과 정책을 제정하고 집행하였다. 이는 다당 합작이 순조롭게 발전할 수 있은 중요한 전제였으며, 근본적 보장이었다.

3) 다당 합작제도 구축은 중국 각 민주당파의 정중한 선택

다당 합작제도에서의 "다당"이란, 중국공산당과 각 민주당파를 가리킨다. 1949년 9월 새로운 정치협상회의를 소집할 때 11개 민주당파가 참석했다. 그해 말 삼민주의동지연합회와 중국국민당민주촉진회가 중국국민당혁명위원회에 합병되었고, 중국인민구국회가 해체되면서 그 성원 대다수가 중국민주동맹과 기타 정당에 가입하였다. 이렇게 되어 8개 민주당파가 현재까지 지속적으로 발전해왔다. 이 8개 당파는 다음과 같다.

"중국국민당혁명위원회 : '민혁(民革)'이라 약칭하며 1948년 1월 1일 홍콩에서 설립하였고, 중국 국민당 성원과 기타 애국적 민주인사들로 구성되었다. 주요 창시자는 쑹칭링(宋慶齡), 허샹닝(何香凝), 리지선(李濟深) 등이다.

중국민주동맹 : '민맹(民盟)'이라 약칭하며, 1941년 3월 19일 충칭에서 설립되었다. 성원들은 주로 도시 소자산계급과 그와 관련 있는 애국적 지식인들이다. 주요 창시자는 장란(張瀾), 선쥔루(沈鈞儒), 황옌페이(黃炎培), 장바이쥔(章伯鈞) 등이다.

중국민주건국회 : '민건(民建)'이라 약칭하며 1945년 12월 16일 충칭(重慶)에서 설립되었다. 초기 성원들은 주로 애국적 민족상공업자들 및 관련 지식인들이었다. 주요 창시자는 황옌페이, 후쥐에원(胡厥文), 장나이치(章乃器), 스푸량(施复亮) 등이다.

중국민주촉진회 : '민진(民進)'이라 약칭하며, 1945년 12월 30일 상하이에서 설립되었다. 성원들은 주로 교육과 문화, 출판업에 종사하는 상층과 중층 지식인들이었다. 주요 창시자는 마수룬(马叙伦), 왕사오아오(、王绍鳌), 저우젠런(周建人), 쉬광핑(许广平) 등이다.

중국농공민주당 : '농공당(農工黨)'이라 약칭한다. 1928년 봄에 발기되어 1930년 8월 9일 공식적으로 설립되었고, 이름을 여러 번 변경하였다. 성원들은 주로 국민당 좌파 인사들이다. 주요 창시자들로는 덩옌다(邓演达), 황치샹(黄琪翔), 장버쥔(章伯钧), 펑저민(彭泽民) 등이다.

중국치공당 : '치공당(致公黨)'이라 약칭하며, 화교단체의 발기 하에 1925년 10월 10일 미국 샌프란시스코에서 설립되었다. 주요 창시자들로는 스투메이탕(司徒美堂), 천치유(陈其尤) 등이다.

93학사(學社) : '93'이라 약칭하며, 1946년 5월 4일 충칭에서 설립되었다. 성원들은 주로 과학기술계의 상층과 중층 지식인들이다. 주요 창시자는 쉬더헝(许德珩), 판쑤(潘菽), 투창왕(涂长望), 량시(梁希), 주푸청(褚辅成) 등이다.

타이완 민주자치동맹 : '타이멍'(台盟)이라 약칭하며, 1947년 11월 12일 홍콩에서 설립되었다. 성원들은 주로 대륙의 타이완 적을 가진 애국적 민주인사들이다. 주요 창시자들로는 세쉐훙(谢雪红), 양커황(杨克煌) 등이다.

중국 각 민주당파 중에서 개별적 당파만 토지개혁 전쟁 시기에 형성되었고, 다수 당파는 항일전쟁과 해방전쟁 시기에 형성되어 활약했다. 여러 당파는 중국 땅에서 탄생하고 성장하였으므로 자연적으로 서방의 정당과는 다른 일부 특징을 가지고 있다. 첫째, 나타난 각도에서 볼 때, 중국의 각 당파는 의회의 투쟁을 통해 나타난 것이 아니라 치열한 민족투쟁, 계급투쟁 중에서 태동하였다. 각 당파는 자본주의가 충분히 발전하고 자산계급 역량이 상당히 강대한 자본주의 사회에서 태동한 것이 아니라 자본주의가 어느 정도 발전했지만, 여러 가지 제한을 받고 있던 반식민지 반봉건사회인 구(舊) 중국에서 산생하였다. 이는 각 민주당들의 정당형태가 완벽하지 못하고 정당의 기능이 구전하지 못한 등 선천적인 부족함을 가지게 했다. 둘째, 정당의 성질에서, 중국 각 민주당파는 단일한 계급정당이 아니라 지식인을 주체로 한 연합정당이었다. 민주당파 성원들은 다른 사회 각계층과 집단으로 이루어졌고, 본래 하나의 계층으로 이루어진 적이 없었으며, 내부는 진보 · 중간 · 낙후(보수)라는 정치 분야가 존재하여 그 요소가 복잡했다. 셋째, 정치적인 진보성과 동요성이 병존했다. 중국 각 민주당파의 최초의 정치강령은 이중성을 가지고 있었고 정체태도는 동요성을 가지고 있었다. 그들은 제국주의를 반대하고 봉건주의와 관료주의를 반대하는 혁명적 요구가 있었을 뿐만 아니라, 일부 자산계급의 민주성향도 지니고 있었다. 이 같은 특징들은 중국 각 민주당파들이 민주혁명시기 반제국주의, 반봉건주의 투쟁에 적극 참여하고, 중국공산당의 동맹자가 되어 중국공산당과 함께 분투하게 했다. 사회주의 시기에는 중국공산당과 함께 시련을 겪으면서 전진하였다. 또한 이 특징은 각 민주당파가 중국 정계에서 영도적 위치에 오르지 못하고 분투과정에서 중국공산당의 영도를 수락해야만이 밝은 미래가 있다는 점을 시사해주었다.

중국 각 민주당파는 민주혁명 과정에서 영광스런 역사를 기록했는데, 많은 사람들이 민족의 독립, 국가의 부강, 민중의 자유를 위하여 곳곳을 다니며 외쳤으며, 심지어 목숨을 바치고 뜨거운 피를 흘리며 중국혁명의 역사에 기여를 하였다. 그들도 일찍 중국공산당과 협력하면서 역경을 함께 헤쳐 나가고 혼란을 같이 겪는 친밀한 우당이었다. 항일전쟁에서 승리한 후, 각 민주당파는 한때 국민당과 공산당 사이에서 "세 번째 길"을 모색하며 중국에 자본주의 제도를 구축하고 다당제를 실행하려 시도했었다. 하지만 장제스가 민주당파를 불법조직이라고 선고하면서 세력이 날로 강해지는 민주당파에 대해 말살정책을 펴며 민주적 역량을 참혹하게 탄압하는 바람에 자산계급 의회민주와 다당제의 길이 철저히 막혀버렸다. 이 같은 배경에서 각 민주당파는 환상을 버리고 중국공산당이 반포한 "5.1구호"에 적극 호응하였다. 이는 각 민주당파가 중국공산당을 동정하고 중국공산당 쪽으로 치우치던 데로부터 중국공산당의 영도를 공개적으로 수락하는 근본적 전환을 의미했다. 그때부터 각 민주당파는 신민주주의와 사회주의 길을 걷기 시작했다.

서술한 역사적 사실은, 중국공산당이 영도하는 다당 합작과 정치 협상제도는 결코 우리가 그렇게 하도록 강요한 것이 아니라, 중국의 독특한 경제, 정치와 문화의 전통적 토양에 뿌리를 두고 있는, 중국 근대 이후의 역사발전에 따른 필연적인 결과이며, 각 민주당파가 내린 정확한 선택이고, 중국공산당과 중국 인민들의 정치적 지혜의 결정체이며, 마르크스 정당이론과 인류 정치 문명에 대한 중국공산당의 중대한 기여에 의해 만들어졌음을 말해주고 있는 것이다.

2. 다당 합작제도의 특징과 기능

신형의 다당제로서의 중국공산당이 영도하는 다당 합작과 정치 협상 제도는 뚜렷한 중국 특색이 있는바, 다당 합작제도의 특징과 기능은 중국 정당제도의 우월성을 집중적으로 구현하고 있다.

1) 다당 합작제도의 특징

중국 다당 합작제도의 특징은 주로 두 가지 면에서 구현되고 있다.

첫째, 정당 관계가 조화롭다. 중국공산당은 영도적 위치에 있으며, 중국공산당의 영도를 견지하는 것은 중국 정당제도의 기본 전제이다. 또한 이는 중국 정당제도가 세계 기타 정당제도와 구별되는 근본적 특징이다. 이에 서방의 학자들은 중국 민주당파를 "위성(衛星)당"이라고 칭하며, 국내의 일부 사람들도 민주당파를 "정치적 꽃병"이라 칭하고 있다. 그들이 보기에는 정당이라면 영도와 비(非)영도 관계가 되어서는 안 되기 때문이다. 중국공산당의 영도를 견지한다고 하여 일당제를 실행한다는 뜻은 아니다. 중국공산당과 각 민주당파는 공산당의 영도 하에 여러 정당이 협력하며 공산당이 집권하고 여러 정당이 참여하는 관계이다. 각 민주당파는 야당이나 반대당인 것이 아니라 중국공산당과 힘을 합쳐 합작하는 친밀한 우당이고 참 정당이다. 중국공산당은 각 민주당파에 대해 정치적 방향, 원칙적 정치 영도 등 정치적 영도를 하는 것이 아니라 비조직적 영도를 하며, 행정적으로 예속되거나 복종하는 관계는 더욱 아니다. 중국공산당은 각 민주당파와의 관계를 처리함에 있어서 존중·신임·평등원칙을 견지하고 있다. 각 민주 당파는 헌법이 규정한 권리와 의무 범위 안에서의 정치 자유, 조직적 독립과 법률적 평등을 향유할 수 있다. 중국공산당은 각 민주 당파가 독립 자주적으로 자기 내부 사무를 처리하는 것을 지지해 주고 있고 여러 가지 활동을 전개하는 것을 지지해주고 있으며, 그들을 도와 업무조건을 개선해 주고, 정당의 성원들이 대중들과 연계를 가질 수 있는 합법적 권익과 합리적인 요구를 수호해 주고 있다.

정당 관계는 중국 정치분야와 사회분야의 5대 관계 중에서 첫 번째 자리를 차지하며, 조화로운 정당 관계는 조화로운 사회를 구축하는 중요한 정치적 토대이다. 정당 관계를 정확히 인식하고 잘 처리하는 것은 민족관계, 종교관계, 계층관계, 해외 동포관계의 조화로움을 촉진하는데 중요한 역할을 하고 있다.

둘째, 협력분야가 광범위하다. 다년간의 실천과 탐색을 거쳐 중국의 정당제도는 이미 일련의 운영시스템을 형성하였다. 중국공산당과 각 민주당파와의 합작은 주로 인민대표대회, 중국 인민정치협상회의, 국가 정권기관, 그리고 정당간의 직접적 협력 등 일련의 운영시스템을 통해 실현되는데, 그 내용은 정치 · 경제 · 문화 · 교육 · 외교 등 사회생활의 각 방면이 포함된다. 참여 당으로서의 각 민주당파는 참여의 기본을 "한 가지 참가, 세 가지 참여"로 포괄할 수 있다. 즉 국가 정권에 참가하는 것, 국정방침을 협상하고 국가지도자 인선을 협상하는데 참여하며, 국가사무를 관리하는데 참여하고, 국가의 방침과 정책, 법률과 법규를 제정하고 집행하는데 참여하는 것이다. 구체적으로 말하면, 각 민주당파 성원들은 각급 인민대표로 선출되어 국가 권력기관에서 참정 · 의정(議政)의 직책을 이행하며, 각 민주당파는 정당의 명의로 인민정치협상회의라는 통일전선 조직과 협상기관에서 직책을 이행하며, 각 민주당파 성원들이 각급 정부기관에서 실무를 맡고 치국이정(治國理政, 국가통치를 말함-역자 주)하

는데 역할을 발휘하며, 각 민주 당파 중앙과 지방조직에서 또한 조사
연구를 한 후 중국공산당과 정부 측에 건의나 안건을 제출하는 것 등
이다. 통계에 따르면, 현재 전국의 각급 인민대표 가운데 당 외 인사
(黨外人士, 중국공산당이 아닌 인사)가 18만여 명의 각급 정치협상
위원 가운데, 당 외 인사가 35만 여 명, 각급 정부와 사법 기구에서
현(縣), 처(處)급(군수에 해당함-역자 주) 이상 지도자 직에 있는 당
외 간부가 3.2만 명, 국무원과 각급 지방정부에서 정부 참사(參事)
실 참사로 초빙한 당 외 인원이 700여 명, 중앙과 지방의 역사문헌
자료관 당외 관원이 1,300여 명, 각 분야에서 초빙한 당 외 특약 인
원이 1.7만 여 명에 달한다. 2007년 4월, 전국인민대표대회 상무
위원회는 당시 완강(萬鋼) 중국치공당 중앙 부주석을 과학기술부 부
장(장관)에 임명하였다. 두 달 후, 무당파 인사 천주(陣竺)를 위생부
부장에 임명하였다. 당 외 인사가 중앙정부의 장관에 임명된 정치적
사건은 국내외에 센세이션을 불러일으켰다. 이 같은 광범위한 합작
분야, 다양한 합작방식, 안정적인 합작시스템이 바로 중국 정당제도
의 뚜렷한 특징이다.

2) 다당 합작제도의 기능

다시 말하면, 중국 다당 합작제도는 정치 참여기능, 이익 표현기
능, 사회 통합기능, 민주 감독기능, 안정 수호기능을 가지고 있다.

첫째, 사회주의 민주정치를 발전시키는데 이롭다. 중국공산당이
영도하는 다당 합작과 정치 협상제도는 인민이 주인 노릇을 할 수 있
는 정당의 제도적 구현으로서, 특유의 민주협상과 인민대표대회라
는 민주선거를 통하여 상호 보완하고 상호 도와서 일을 완성하면서
더불어 중국의 기본 민주형식을 구성하고 있다. 중국공산당이 영도

하는 다당 합작과 정치 협상제도를 견지하고 각 당파, 각 계층, 각 단체의 질서 있는 정치 참여경로를 넓혀주어 그들의 이익 표현 요구와 정치적 요구를 실현할 수 있도록 보장해주었으며, 당과 국가의 중대한 책략에 있어서 민주화와 과학화를 추진하여 사회주의 민주를 심화시키고 그 폭을 넓혀주었다.

둘째, 사회의 안정과 조화에 이롭다. 중국의 정당제도에서, 중국 공산당과 각 민주당파는 간담상조(肝膽相照)하고 영욕(榮辱)을 함께 하고 있다. 이 같은 조화로운 정당 관계는 중화민족의 화이부동(和而不同), 청탁병탄(淸濁竝呑)하는 우수한 전통을 선양하고 국태민안(國泰民安)의 가치 추구를 구현하고 있기에, 서로 비방하고 서로 배척하는 등의 내적 손실을 피하고, 또한 정당 교체나 정권 경질로 인한 사회적 불안을 피할 수 있어서, 모든 적극적인 요소를 동원하고 사회이익을 재통합하여 정치의 조화와 안정을 수호하고 국가의 장기적인 안정을 실현하는데 이롭다.

셋째, 과학적 발전을 추진하는데 이롭다. 발전은 중국공산당이 집권하고 나라를 진흥시키는데 있어서 첫 번째 중요한 임무이며, 또한 각 민주당파가 참정 의정하는데 있어서 첫 번째 중요 업무이다. 중국 공산당과 각 민주당파는 함께 중국 특색의 사회주의 사업에 전력을 하고 있으며, 다당 합작은 중국경제 건설, 정치건설, 문화건설, 사회건설 등 모든 면에 미치고 있다. 각 민주당파는 인재와 지능적 우위를 충분히 발휘하여 자문봉사, 민영학교, 지식을 활용한 빈곤 퇴치, 이재민 구제, 해외 친목 등의 활동을 폭 넓게 벌이고 있으며, 다양한 형식으로 사회생활에 참여하면서 경제사회의 안정적이고 쾌속적인 발전을 촉진하기 위하여 중요한 공헌을 하고 있다.

넷째, 집권당 건설을 강화하는데 이롭다. 감독(監督)은 줄곧 현대의 정당 정치에서 한 가지 큰 난제였다. 중국공산당과 각 민주당파는 장기적으로 공존하며 상호 감독하고 있지만, 주로는 각 민주당파가 중국공산당을 감독하고 있었다. 이렇게 하면 감독 결여로 인한 일당제의 여러 가지 폐단을 극복할 수가 있었다. 중국공산당에 대한 각 민주당파의 민주 감독, 특히 본질을 말한다면 일종의 특수한 정당 간의 정치적 감독으로서 중국사회주의 감독시스템 가운데서 중요한 위치를 차지하고 있으며, 다른 감독 형식이 대체할 수 없는 역할을 발휘하고 있다. 참여당의 민주 감독을 강화하면 집권당이 다른 목소리를 자주 들을 수 있고, 선진적인 기풍과 이미지를 유지하는데 주의하며, 부정적인 기풍과 부패현상이 생기는 것을 예방하고 억제할 수 있다.

중국 정당제도는 합리성과 적응성을 가지고 있고, 국가의 발전, 민족의 단합, 경제의 번영, 사회의 진보에 가장 이로운 정당제도이며, 중국 국정에 가장 잘 어울리는, 불가결의 기본 정치제도라는 것을 역사와 현실이 거듭 증명하고 있다.

3. 다당 합작제도를 더욱 보완하고 발전시켜야 한다

중국공산당이 영도하는 다당 합작과 정치협상제도는 60여 년 동안의 발전 과정에서 왕성한 생명력을 과시하면서 중국 특색의 정치 발전의 길이 정확하다는 것을 말해주었다. 솔직히 말하면, 중국 정당제도 자체에 확실히 일부 완벽하지 못한 점이 존재하고, 일련의 새로운 상황과 새로운 문제에 봉착했으며, 각 방면으로부터 오는 압력과 도전에 직면하였다. 어떻게 하면 시대의 요구에 부흥하고 국제환경과 국내 조건의 새로운 변화에 대처하며, 중국 정당제도의 우월성을 보다 잘 발휘하여 강대한 생명력을 발산하느냐 하는 문제는 우리가 신중하게 검토해야 할 중대한 과제이다.

1) 현재, 다당 합작제도에 일부 완벽하지 못한 점이 존재하고, 더구나 서방의 정치사조와 가치관의 영향으로 말미암아 일부 사람들은 중국 다당 합작제도에 대해 모호한 인식을 가지고 있다

어떤 사람들은 아예 일당제를 독재와 동일시하고 다당제를 민주와 동일시하면서 흔히 서방의 정당 이론을 가져다 간단히 중국 정당제도에 기계적으로 적용하려 하고 있으며, 서방의 가치관 평가기준으로 중국의 정당제도를 가늠하면서 중국의 정당제도는 민주적 요소가 결여되어 있고, 서방의 다당제보다 우월하지 못하므로 마땅히 서방 국가처럼 "다수당이 경쟁"하고 "돌아가면서 집권해야 한다"고 여기고 있다. 이 같은 견해가 생기게 된 중요한 원인 중의 하나가 바로 중국의 구체적인 국정을 고려하지 않고 서방국가의 정치제도 모델로 중국의 정당제도를 가늠하는 기준으로 삼으면서 서로 다른 정당제도 간의 본질적 차이를 혼동하고 있기 때문이다. 중국의 정당제도가 비록 '다당'이라는 표현법을 쓰고는 있지만 서방의 다당제와는 본질적인 차이가 있다는 점을 반드시 알아야 한다. 구체적으로 역사적 배경이 다르고, 경제적 토대가 다르고, 사회적 토대가 다르고, 지도사상이 다르고, 정당의 활동범위와 목표가 다르고, 각 정당 간의 관계가 다르고, 정당과 정부 간의 관계가 다르다는 점에서 표현된다. 세계적으로 보면 각국의 정당에 두루 사용할 수 있는 제도적 모델은 존재하지 않는다. 물론 어느 정당이든 두루 사용할 수 있는 기준적인 제도도 존재하지 않는다. 이 문제에서 중국은 반드시 자기 기준을 굳건히 해야 한다. 즉 실천 기준과 생산력 기준을 통일하는 방침을 견지하고, 정당의 성격과 사회기능을 통일하는 방침을 견지하면서, 사회 생산력의 지속적 발전과 진보를 추진할 수 있느냐, 인민 민주를 실현 하고 발전시킬 수 있느냐, 당과 국가의 활력을 증강할 수 있느냐, 사 회주의 제도의 특징과 우위를 유지하고 발휘할 수 있느냐, 국가 정국 의 안정과 사회안정 및 단결을 유지할 수 있느냐, 광범위한 인민대중 의 근본적 이익을 실현시키고 유지할 수 있느냐 하는 것 등을 정당제 도의 우월성으로 판단할 수 있는가를 기준으로 삼아야 한다.

2) 다당 합작의 제도화, 규범화, 절차적 건설 강화

중국 민주정치 발전의 요구에 비하면 중국 정당제도의 제도화 수준 이 아직 높지 못하고 운영시스템이 아직 규범화되지 못하고 있으며, 일부 구체적인 절차가 아직 완벽하지 못하다. 그렇기 때문에 우리는 집권당과 참여당의 자체 건설을 계속해서 강화하고 중국공산당의 영 도수준과 집권수준을 향상시키며, 참여당의 참여수준을 향상시켜야 한다. 이러한 토대 위에서 다당 합작의 제도와, 규범화, 절차적 건설 을 강화하여 더욱 완벽한 운영시스템을 갖추도록 해야 한다. 이를테면 참정 당이 의정활동을 할 수 있는 경로를 넓혀주어야 한다. 인민대표 중에서 민주 당파 성원들의 비례를 적당히 늘리고, 인민대표대회 의사 (議事)제도 중에 민주당파 인사들의 역할을 더욱 충분히 발휘할 수 있 는 시스템을 구축해야 한다. 인민정치협상회의에 더욱 분명한 법정(法定)지위를 부여하고, 정치협상 체제를 보완하여 정치협상이 자문적 정치참여로부터 절차적 정치참여로 전환토록 해야 한다. 당 외 간부 를 선발하고 임용하는 경로를 넓히고 임용절차를 규범화해야 한다. 민 주당파의 감독 중에서의 주체적 위치를 점차 강화하고 민주적으로 감독 하는 운영절차를 개선해야 한다. 이렇게 해야 만이 중국 정당제도가 더욱 성숙한 정당제도가 될 수 있고 좀 더 진보하고 발전할 수가 있는 것이다.

3) 세계 각국 정당제도의 유익한 경험을 거울로 삼아야 한다

국정이 다르고, 정치제도와 문화 전통, 그리고 가치 지향이 다름으로 인하여 각국 정당제도의 유형이나 운영시스템 또한 다르다. 그러나 흔히 일부 보편성과 특수성을 가진 것을 내포하고 있고, 탐색할 가치가 있는 법칙성을 가지고 있으며, 거울로 삼을 수 있는 일부 유익한 경험을 가지고 있다.

중국은 마땅히 세계 정당정치 발전의 조류에 순응해야 하므로, 더욱 열린 마음으로 중국의 정당제도를 세계의 정당정치와 비교하며 재조명하고 글로벌화라는 큰 배경 하에서 신중히 검증해야 하며, 각국 정당과의 교류를 강화하면서 타국 정당제도의 경험을 배우고 활용토록 해야 한다. 예컨대 헌법과 법률을 운용하여 정당의 행위를 규범화하고 각 정당 간의 관계를 조정해야 한다. 민주선거와 민주협상을 결합하여 민주적 형식을 다양화시켜야 한다. 정당간 상호 감독할 수 있는 효과적인 시스템을 구축하여 각 정당 간의 관계를 적절하게 처리해야 한다. 정당의 사회적 기반을 확대하고 집권당의 치국이정(治國理政) 능력을 향상시키고 복잡한 국면에 대응할 수 있는 능력을 향상시켜야 한다.

종합적으로, 우리는 이론연구를 한층 강화하고 중국 특색의 사회주의 정당제도 이론 체계를 열심히 구축하여 중국 정당제도의 장기적 발전을 위해 확고한 이론적 토대를 제공해줘야 한다. 동시에 정당제도를 과감히 개혁 혁신하고, 다당 합작의 새로운 방식과 새로운 시스템을 끊임없이 탐색하면서 이 기본 정치제도를 견지하고 보완하고 발휘해야 한다.

제6장

부흥하고 있는 중국의 외교

1. 낡은 것을 버리고 새로운 것을 수립하다

: 1949년-1979년의 중국외교

1) 중화인민공화국 외교 전략의 기본을 확립하다

근대와 현대 국제정치에서, 다른 나라의 조종을 받으며 치욕을 감내해야 했던 반식민지, 반봉건 국가에서 독립한 다음, 중국은 여타 나라와 비슷하면서도 같지 않은 길을 걸어왔다. 반식민지, 반봉건 국가였던 다른 국가들과 마찬가지로 중국도 제국주의를 축출해야 하는 역사적 과업이 주어졌다. 다른 점이라면 중국은 확실하게 독립해야 했으며 또 선명한 혁명적 징표가 있어야 했다.

중화인민공화국이 수립된 그날부터 중국 인민들은 새로운 토대 위에서 외교사업을 펼쳐나갔다. 그러나 양호한 외교적 이미지를 세우려면 낡은 중국의 굴욕적인 외교를 종말 짓고, 새로운 모습으로 국제무대에 우뚝 서는 것이 외교의 가장 중요한 과제였다. 갓 수립된 중화인민공화국은 국제사회의 승인을 받기 위해 "일변도"(一边倒, 한쪽으로 치우치는 외교-역자 주)를 핵심으로 하는 3대 외교정책을 강구하였다. 즉 "일변도"(소련 등 공산국가와의 외교 강화-역자 주), "자주적 외교 개시"(另起炉灶-국민당정부가 맺은 외교 관계를 승인하지 않으며, 새로운 토대 위에서 각 나라와 외교 관계를 맺는다는 뜻-역자 주)", "집을 깨끗이 거둔 다음 손님을 맞는다(打扫干净屋子再请客-침략세력을 몰아내고 평등한 원칙 하에서 수교한다는 뜻)" 등이다. 이런 정책은 외교 면에서, 우선 소련 등 공산권 국가들과 수교를 함과 동시에 아시아 민주주의 국가와 유럽 국가들과 수교를 하는데서 구현되었다. 중화인민공화국 수립 초기 비록 외교 면에서 이데올로기 경향이 다분했지만, 반식민지, 반봉건사회를 기반으로 하여 건국했기 때문에 외교적으로 낡은 것을 버리고 새 것을 수립해야 하는 문제에 봉착했으며, 또한 공산권과 자본주의적 민주주의 2개 진영의 첨예한 대치 국면에 직면했다. 사회주의 국가로서의 중화인민공화국이 "일변도" 외교정책을 펼친 것은 인정상으로나 도리적로나 모두 합리적인 선택이었다고 할 수 있다. 더욱 중요한 것은 중화인민공화국은 이 3대 정책을 통해 국제사회의 충분한 인정을 받았을 뿐만 아니라, 구 중국의 낡은 외교의 그늘을 철저히 제거했으며, 궁극적으로 제국의 잔여세력들을 몰아내고 세계민족의 반열에 우뚝 선 것이다.

2) 외교정책의 역사적 변천

중화인민공화국은 수립되고 30년 동안, 외교정책에 있어서 주로 '일변도', '평화공존(和平共处)', "미국을 반대하고 수정주의를 반대한다(反美反修)", "미국과 손잡고 소련을 반대(联美反苏)한다" 등의 단계적 외교정책을 펼쳤다. 중화인민공화국의 정치입장을 분명히 하고 더 많은 국가의 인정을 받기 위해 중국공산당중앙위원회가 베이핑(北平)에 입성한 후, 마오쩌둥은 "인민민주독재를 논함"이란 글을 통해 '일변도(一边倒)' 외교정책을 공식적으로 선포하고 곧 수립될 중화인민공화국의 외교적 정치 입장을 밝혔다. 중국 인민정치협상회의 제1기 전원회의는 "공동강령(共同纲领)"을 통과시키고 '일변도(一边倒)'의 방침을 구체화하고 법률화했다. 중화인민공화국이 수립된 후 마오쩌둥 주석은 모스크바로 가서 스탈린을 만났으며, 1950년 2월 14일, 저우언라이(周恩来) 총리는 중국정부 대표단을 인솔하여 모스크바로 가서 "중소 우호동맹 상호조약"과 또 기타 두 가지 협정, 세 가지 각서를 체결했다. '일변도(一边倒)' 외교정책이 공식적으로 실시되기 시작했다. 이 정책은 중화인민공화국이 외교를 펼치는데 방향과 원칙을 규정했고, 항미원조(한국전쟁－역자 주) 전쟁에서 중국의 승리를 이끌어냈으며, 50년대 1차 수교의 붐을 불러왔다. 중국은 이로부터 국제무대에 설 수 있는 기반을 마련하게 되었다.

1953년과 1954년 조선(북한－역자 주)과 인도차이나가 정전하면서 중국의 환경 안전이 크게 개선되었으며, 독립자주라는 국가적 지위가 크게 안정화되었다. 특히 항미원조전쟁을 겪으면서 국제인터내셔날에 대한 중국의 영향력이 큰 폭으로 늘어났다. 이와 동시에 혁명정권을 공고히 하고, 더 많은 국가들로부터 승인을 받으며, 중화인민공화국에 대한 미국의 봉쇄를 돌파하고, 반미 통일전선을 확대하려면 중국은 우방을 두어야 했다. 우방을 늘리려면 우선 신흥 민주주의 국가들과 교류해야 했다. 특히 반식민지로부터 독립한 이웃나라와 화목하게 지내며, 미국을 분열시키고 고립시켜야 했다. 이는 중화인민공화국이 제안한 평화공존 5가지 원칙에 필연성과 가능성을 제공하였다. 평화공존 5가지 원칙은 국제사회에 큰 파문을 일으켰다. 5가지 원칙은 제네바회의와 반둥회의의 실천을 거쳐 당시 중국정부가 민주국과의 관계를 처리하는 준칙이 되었을 뿐만 아니라, 기타 국가들이 외교사무를 처리할 때에도 활용되었다. 그로부터 5가지 원칙은 국제사회에서 보편적으로 신봉하는 준칙이 되었다. 중국은 이 기간 평화공존 5가지 원칙을 실시하여 엄청난 성과를 거두었다.

그러나 50년대 후기에 이르러, 소련 유형에 대해 생각해 보고, 중국 국내정치 환경이 변화함에 따라 중국은 "세 폭의 붉은 기(三面红旗, 사회주의 건설의 총 노선, 대약진, 인민공사화—역자 주)"라는 시정구호를 제기했다. 특히 인민공사와 국제공산주의운동 등 문제는 중·소 양국 간에 의견 차이와 폭넓은 논쟁을 불러왔다. 중국의 외교적 환경이 점차 악화되기 시작하자 국내에 '좌'적 경향이 점차 조장되었다. 중국외교는 제국주의를 반대하려면 반드시 동시에 현대 수정주의를 비판해야 하는 즉 "두 주먹으로 때리는(两个拳头打人)" 단계에 들어섰다.

마오쩌둥은 60년대 초기의 국제 형세에 대해 "큰 혼란(大动荡), 대분화(大分化), 대개편(大改组)"이라고 논했다. 국제정세에 관한 "3대 논단"은, 중국이 미 제국주의를 반대하는 동시에 소련의 현대 수정주의를 반대함으로써 국제형세의 분화와 개편을 촉진시키고, 세계 각국 그리고 혁명적 인민들을 단결하여 미 제국주의를 반대하고 소련의 수정주의를 반대하는 국제적 통일전선을 결성하는 것이었다. 우선 중국과 소련은 의식형태 분야에서 치열한 논쟁을 벌였는데, 중·소 동맹이 파열되고, 양국 국경에서 전쟁이 발발할 때까지 이어졌다. 이 기간 중국은 '세계혁명'의 이익을 위하여 소련과의 경계선을 분명히 해야 한다고 여겼다. 즉 마르크스주의와 현대수정주의 간의 경계선을 분명히 갈라야 한다고 생각했다. 중·소 양국 간의 관계가 악화되자 양국 국경에서의 충돌이 끊이질 않았다. 1963년에만 해도 신장, 헤이룽장, 우수리강 도서(乌苏里江 岛屿) 등 지역에서 4,000여 건의 사건이 발생했다. 1964년 중국과 소련은 국경 담판을 거행했는데 얼마 지나지 않아 소련 측에서 회담을 중지했다. 브레즈네프가 집권한 후 과거의 스탈린이나 후르시초프(赫鲁晓夫)의 방법을 반대하여 중·소 국경에 수비군을 증가시켰는데 많을 때에는 백만 명에 달했으며, 이로서 중국에 대한 무력적 위협을 유지했다. '문화대혁명'이 일어난 후 중국과 소련의 관계는 '세계혁명'으로 인하여 더욱 악화되었다. 1966년 소련 공산당 23차 대표대회를 개최했는데 중국공산당은 회의 참석을 거부했다. 그리하여 중국공산당과 소련공산당 양당 간의 관계가 완전히 단절되었고 중·소 외교관계도 대행급으로 강등했다. 1968년 소련군대가 체코를 침략하자 중국은 "사회제국주의를 타도하자"는 구호를 제기했다. 1964년부터 1969년 5월까지 중·소 국경에서만 4,189차례의 분쟁이 일어났다. 1969년 3월 전바오도(珍宝岛, 진보도) 충돌로 하여 양국 간의 대립은 절정에 이르렀다.

비록 이 시기 중국은 소련 현대수정주의에 대한 비판을 부각시키면서도, 60년대에 미국이야말로 여전히 중국의 가장 주요한 적이라 여겼다. 그렇기 때문에 국제 반미 통일전선을 구축하는 것이야말로 중국외교의 주요 임무라고 생각했다. 당시 중국은 베트남 인민들의 투쟁을 지속적으로 지지한다고 분명히 밝혔으며, 기타 지역에 대한 미국의 침략 행위에 대해서도 반대 입장을 분명히 밝혔다. 1964년

경 중·미 양국관계는 이미 전쟁 접경시기에 들어섰다. 미국이 중국
에 무력시위를 감행한 주요 원인은 중국이 베트남 인민의 반미, 구국
정쟁에서 큰 힘을 실어주었기 때문이다. "도쿄만 사건"이 발생한 후
천이(陳毅) 중국 외교부장은 춘수이(春水) 베트남 민주주의공화국
외교부장에게 보내는 회신에서 '베트남 민주주의공화국을 침범하는
그 어떤 행위도 중국 인민은 수수방관하지 않을 것'이라고 밝혔다.
1965년 2월 베트남정부의 요청에 응한 중국은 방공부대 장병들과
철도 엔지니어 십 여 만 명을 베트남에 파견했다. 당시 로버트 맥나
마라 미국 국방장관은 "현재 미국의 주요 적은 중국이다", "중국과
의 전쟁이 발발할 위험이 존재한다"고 발표했다. 그러나 조선(한국)
전쟁의 전례에 비추어 중·미간의 상호 전쟁 접경정책은 궁극적으로
양국의 직접적인 정면충돌을 초래하지 않았다. 하지만 중·미간 대
립은 극대화되었다.

이 시기 "반미 반수정주의(反美必反修)" 전략적 수요에 순응하기
위한 중국외교의 주목할 만한 변화라면 '좌'경 사상의 영향으로 인해
아시아, 아프리카, 라틴아메리카에 이르기까지 '세계혁명'이란 외교
홍보를 펼친 것이다. 중국은 1965년 1월부터 외교에서 '세계혁명'
을 공식화했다. 즉 중국의 대외 사무는 효과적인 전략과 책략에 의해
일을 처리하는 것이 아니라 반드시 '세계혁명'을 기준으로 했다. 다
시 말하면 그 어떤 국가의 외교정책이나 행동이 진보적인가 아닌가
를 가늠하는 척도가 본국의 국가 이익의 부합여부를 가늠하는 것이
아니라, 중국이 제정한 '세계혁명'의 기준에 부합되는가 안 되는가
하는데 있었다. 이 같은 '세계혁명' 사상의 인도로 말미암아, 중화인
민공화국이 수립되기 전 17년 동안의 외교 노선을 '3화1소(三和一
少, 제국주의, 수정주의, 인도 및 각국의 반동파들과 화목하게 보내

고 민족해방운동에 대한 지지가 적은 것)' 혹은 '3강 일멸(三降一灭)'이었다고 비판했다. 하지만 '세계혁명'의 중심이 중국으로 이전한데서 베이징은 '세계혁명'의 중심으로 부상했다. 이 같은 극좌사상이 범람하고, 린뱌오(林彪), 사인방(四人帮)의 선동 하에 중국 형상에 먹칠을 하는 "세 가지를 부수고 한 가지를 불사르는"(三砸一烧)" 심각한 외교사건이 발생했다. 이처럼 사면에서 출격하여 모조리 숙청하자는 외교적 일반 관례를 초월한 '세계혁명'으로 말미암아 중국의 외교는 완전히 고립되었다.

60년대 특히 '문화대혁명' 중에서 이 같은 사면 출격이라는 혁명적 외교가 중국의 평화와 국제적 이미지에 손상을 주었을 뿐만 아니라, 국가 안전을 위태롭게 한 데 비추어 1968년부터 마오쩌둥과 저우언라이는 조치를 취하여 중국외교에서의 비정상적인 상황을 점차 해소해나갔다.

1968년 소련이 체코슬로바키아를 침략했고, 1969년 중·소 양국은 전바오도(珍寶島, 다만스키도)에서 충돌이 일어났다. 이로 인해 중국은 전략 면에서 미국과 손잡았고 그 후 점차적으로 "미국과 연합하여 소련을 반대"하는 '한통속' 전략을 펼치게 되었다. 1970년 1월 중·미 양국은 대사급 회담을 재개했다. 1971년 4월, 중국은 미국의 탁구선수들이 중국을 방문하는 것을 허락했다. 그때로부터 미국은 조선(한국)전쟁 발발 후 내린 중국에 대한 무역금지령을 취소하기로 했다. 1972년 2월 21일, 미국 닉슨 대통령이 중국을 방문했다. "중·미 상하이 공동 성명"은 중국의 대외정책이 크게 조정되었음을 말해주었으며, 중·미·소의 전략적인 3각 관계가 형성되었음을 의미했다. 이런 전략 하에 중국은 "하나의 선(一条线 : 미국, 일본, 중국, 파키스탄, 이란, 터키 등 한 위도에 있는 나라)",

"한 개의 판도(一大片 : 같은 위도 주위의 국가들)" 전략으로 중국과
서방 선진국 간의 관계를 개선하고, 중국에는 세 번째 외교 붐이 일
으켰다. 아울러 중국은 유엔에 재 가입했다. 즉 70년대의 외교정책
조정은, 비록 중국외교에서의 "혁명"적 흔적을 완전히 지우지는 못
했지만 '문화대혁명' 후 중국이 외교를 근본적으로 조정하는 전주곡
으로 되었다.

3) '독립부강(獨立富强)'을 목표로 한 외교전략

앞에서 한 서술을 통해 우리는 독립부강이라는 목표를 실현하기
위해 중국은 30년 사이에 외교정책을 여러 차례 조정했으며, 외교
전략도 중대한 변화를 가져왔다는 것을 알 수 있다. 비록 이 같은 외
교전략을 조정하면 피동적 처지에 처할 수도 있지만, 그러나 중국은
국가의 목표 실현에 도움이 된다는 것을 알고 있었다. 중화인민공화
국 창립 당시, 중국은 국내 역량이든 국제 영향력이든 모두 한계가
있었고, 국제 활동공간도 제한되어 있었기에 중국은 '일변도' 연맹
전략을 펼쳤던 것이다. '일변도' 전략은 두 개의 급이 대치하는 가운
데 나타난 국제구도의 필연적 결과이며 중국 의식형태와 국가생존에
부합되는 제일 좋은 전략이기도 했다.

50년대 후반부터 60년대 초반에 이르기까지 중·소 양국 간의 논
쟁이 거세지고 중국의 국력이 향상됨에 따라 중국은 국제사무를 보
는 과정에서 자신감을 갖게 되었고, "국제통일전선" 전략을 펼칠 수
있게 되었다. 이번 전략은 미 제국주의의 침략을 반대하고 침략 확장
을 제지시켰으며, 소련을 망라한 사회주의 국가, 신흥 독립민주국가
및 독립하려는 식민지 반식민의 혁명인민들과 단결하도록 했으며,
중국혁명의 요구에 부합되었을 뿐만 아니라, 당시 점진적으로 커지

고 있는 민족해방운동의 국제적 추세에도 부합되었다. 따라서 중국의 국제영향력도 크게 확장되었다.

그러나 유감스러운 것은 좌경사상이 극도로 시장함에 따라 중국은 60대 중반, 후반기에 효과를 보았던 "국제통일전선" 전략을 포기할수밖에 없었으며, '세계혁명'이라는 새로운 전략을 서서히 펼쳐나갔다. 이 같은 외교 전략으로 인하여 도처에 적을 만들고 지나치게 관례를 벗어났으므로 국가의 생존이 위기에 처하게 되었다. 이에 중국은 재차 외교정책을 조정할 수밖에 없었다.

이 때문에 70년대, 중국은 또다시 '동맹(联盟)' 전략을 취하게 되었다. 중국은 의식형태가 완전히 다른 미국과 사실상 전략적인 동맹을 맺으면서, 20년 전에 맺은 소련과의 동맹을 깨게 되었다. 중국외교는 의식형태의 속박에서 벗어나 오직 국가의 안전과 이익을 추구하는 것에만 입각했던 것이다. 이런 '준동맹(准联盟)' 전략은 당시의 국제구조를 새롭게 형성케 했으며 중국의 국가안전과 이익을 수호하는데 도움이 됐다.

중화인민공화국 성립 후 30년 동안의 외교 전략의 변천을 돌아볼 때, 중국은 외교 전략을 운용함에 있어서 국제구조와 국내의 의식형태라는 두 가지 요소의 영향을 받았음을 알 수 있다. 이는 중화인민공화국이 당시 국력이 제한되어 있고 외교 전략 공간도 제한되어 있는 상황이었기에 그러했음을 알 수 있으며, 혁명의 기나긴 여정에서 중국은 지속적으로 존재가치를 알렸음을 알 수 있다. 그러나 그 어떤 요인이든, 영향력의 대소와 관계없이 외교전략의 제정은 모두 독립부강의 국가적 목표를 실현하고 대국을 부흥시키기 위하는데 있었다.

2. 조정 및 전환 : 1979년~2011년의 중국 외교

1) 새로운 단계 중국외교 전략의 조정

1978년, 중국공산당 제11기 중앙위원회 제3차 전원회의(이하 '11기 3차 전원회의')에서는 전국의 사업중점을 경제건설로 이전하기로 결정하고, 개혁개방의 전략방침을 제정했다. 국제형세의 새로운 변화 및 국내임무의 수요와 지난 30년간의 외교를 통해, 덩샤오핑을 수반으로 하는 중국 지도자들은 외교정책 관련 중대한 조정을 진행했다. 이번 조정된 외교정책은 국가의 전반적인 형상을 수립하고 중국의 수요에 대응하기 위해 제정되었는데, 현대화 건설의 전반적인 국면을 돌볼 수 있고, 지난날 외교정책을 집행하는 과정에서 존재한 일부 좌경사상을 제거할 수 있었다. 새로운 시기의 외교정책은 세계의 평화를 수호하는 토대 위에서 대외개방을 실시했고, 대외적인 무역관계를 발전시켰으며, 외국의 선진기술, 자금과 관리경험을 들여와 사회주의 현대화 건설을 촉진시켰으며, 중국의 현대화 건설을 쟁취하는데 필요한 환경을 마련해주었다.

첫째, 중국과 대국의 관계를 개선하고 크게 발전시켰으며, 상호 발전을 이끌어냈다. 개혁개방 30년 동안 중국과 세계 주요 나라들과의 관계가 크게 개선되었다. 1979년 중국과 미국이 외교를 수립한 이래 양국의 경제, 무역, 과학기술 및 문화 등 각 분야의 교류가 활성화되었다. 양국의 고위층 간의 방문이 활발해졌다. 중국과 소련은 80년대 중후반기에 이르러 관계가 가까워졌다. 소련이 해체된 후 중·소 관계는 중·러 관계로 전환되었으며, 중·러 관계가 새로운 발전단계에 진입했다. 중국과 러시아는 역사를 돌이켜보고 경험과 교훈을 받아들였으며, 평등호혜의 토대 위에서 중·러 간의 전략적 동반자관계를 구축했다. 중국과 유럽연맹과의 관계는 개혁개방을 실시한 후 새로운 발전단계에 이르렀으며, 정치적 관계가 돈독해지고 고위층의 왕래가 빈번해졌다. 중국은 유럽연합의 대다수 나라들과 동급별 정기적 혹은 비정기적인 정치협상제도를 구축했다. 중국과 유럽의 관계가 신속히 발전했고 무역 거래액도 대폭 증가되었다. 중국과 일본이 외교를 수교한 이래 특히 "중일 평화 우호조약"을 체결함에 따라 양국 간에 협력이 강화되면서 놀라울 성과를 거두었으며, 양국관계는 안정적으로 발전했다. 양국 정상들의 상호 방문을 통해 양국관계가 크게 개선되었다. 중·일양국의 경제가 확장되고 발전되었으며 단순 상품무역으로부터 자금, 기술 등 분야로 협력범위를 넓혀갔다. 중·일 양국의 외교관계가 정상적으로 발전했지만 역사 교과서, 야스쿠니 신사 참배, 타이완 문제, 띠아위다오(钓鱼岛) 문제와 관련된 일부 원칙적인 논쟁이 여전히 끊이지 않았다.

둘째, 중국은 주변 국가들과 우호적인 관계를 유지하면서, 건국 이래 최대의 평화적 시기를 맞이했다. 개혁개방 30년 동안 중국은 이웃 나라들과 협력하여 비약적인 발전을 이룩했다. 중국과 이웃 나라들과의 관계는 화목한 관계로부터 점차 협력관계로 발전했으며, 양자의 관계가 점점 더 끈끈해졌다. 1980년대, 덩샤오핑은 "주권 논쟁보다는 공동 개발을 추진(搁置争议 共同開發)"하는 정책을 제기하고, 90년대 중기에 이르러 중국정부는 "아시아 태평양 지역에 입각하고 주변국의 안정을 유지해야 한다(立足亚太 稳定周边)"는 전략적인 정책을 제정했으며, 21세기에 이르러서는 "이웃의 안정을 걱정하고, 이웃과 함께 부유해지고, 이웃과 화목하게 지내야 한다"(安邻, 富邻, 睦邻)는 외교정책을 제기하면서 주변국과 협력하려는 중국의 의지를 밝혔다. 중국은 이웃나라를 대함에 있어서 화목하게 지내고 상호 협력하며 평등, 호혜 등을 원칙으로 삼았으며, 이웃의 안정을 걱정하고, 이웃과 함께 부유해지고 이웃과 화목하게 지내는 것을 외교방침으로 간주했다. 이 같은 원칙과 방침으로 중국은 조선, 말레이시아, 필리핀, 미얀마, 태국, 네팔, 파키스탄 등 이웃 나라들과 전통적인 친선관계를 유지했으며, 새로운 국제형세 하에 양국의 친선관계가 새롭게 발전시켰다. 개혁개방을 실시한 후 중국은 시종 평등호혜, 공동발전을 원칙으로, 이웃나라들과 전면 발전, 다각도 협력(경제적)관계를 구축하고, 이웃나라들과 경제, 무역, 과학기술과 문화 등 분야에서 교류와 협력하여 규모 확장, 수준 향상 등 여러 면에서 장족의 발전을 이룩했다. 종적으로 보나 횡적으로 보나 중국은 상대적으로 안정된 이웃나라들과 기본적으로 안전한 구도를 형성했다.

셋째, 중국은 개발도상의 국가들과 단결하고 협력했다. 개혁개방 이래 중국은 제3세계에 대해 패권을 부르짖지 않았고(不稱霸), 우두머리가 되지 않았으며(不当头), 수출혁명을 하지 않았기에 개발도상국과의 관계를 개선할 수 있었다. 새로운 세기 쌍방간의 전략적 수요가 증가됨에 따라 광범위한 개발도상국들과의 협력관계가 새롭게 발전했다. 고위층 간의 방문이 이어졌고, 합작분야가 넓어졌으며, 합작방식이 다양해졌고, 합작 성과가 눈에 띄게 늘어났다. 국제사무를 진행함에 있어서도 쌍방의 노력이 더욱 분명해졌다. 중국, 인도, 파키스탄을 대표로 하는 광범위한 개발도상국들의 굴기는 당대 국제관계에 있어서 두드러진 특징이 있었다. 중국은 개발도상국들과 공동으로 자국의 이익을 수호하였다. 중국은 국제사회에 새로운 준칙을 제기하고 국제질서를 새롭게 구축해나갔다.

넷째, 다각화된 중국외교는 참신한 발전단계에 진입했다. 전 세계와 지역의 중대한 문제를 토의함에 있어서 중국은 늘 중요한 참여자였다. 중국의 지도자들은 국내외의 다변적인 외교활동에 자주 참여했으며, 또 각국의 지도자들과 함께 국제문제들을 모의하기도 했다. 중국이 다변적인 외교행사에 참여한 분야는 정치 및 안전으로부터 경제, 군축 및 군공, 인권, 환경, 사회발전 등 분야로 폭을 넓혔으며, 중국이 다자 기구와의 협력이 점점 더 결실을 맺어가고 있었다. 중국인들은 다자 기구의 사무국장으로서, 부 사무국장으로서, 부 비서장으로서, 대법관으로서 활약하고 있다. 지역적 및 세계적인 중요한 국제회의나 국제행사를 중국에서 거행했는데 이런 일에 대해 별로 신기해하지 않았다.

전반적으로 개혁개방을 실시한 30년 동안, 중국은 다각적 외교를 적극 추진할 수 있는 객관조건을 구비하였으며, 중국은 "일반 참여자"로부터 "중요한 건설자"로, "책임을 다하는 대국"으로 성장했다. 찬란한 30년간의 중국외교는 중국 특색의 사회주의를 건설함에 있어서 양호한 환경을 마련해주었다. 중국외교는 소외교로부터 대외교로 발전했고, 정치적인 외교로부터 경제, 금융, 문화, 교육, 과학기술, 체육, 군사 외교에로 폭을 넓혀갔으며, 중국의 공중외교와 공공외교도 점점 더 활발히 진행되었으며, 외교에서 "인간을 근본으로 삼는다"는 사상도 깊은 관심을 갖게 되었다.

2) 중국 외교이념의 전환

냉전이 종식된 후 변화무쌍한 국제정세에 대해, 자체의 발전수요에 의해 중국은 시기에 따른 새로운 외교이념을 제기했다. 이 같은 새로운 외교이념의 제기는 국내외의 정치환경 변화에 따른 필연적인 결과이다. 그 주요 원인은 다음과 같다.

첫째, 21세기에 적합한 동반자 관계인 국가관계 이념을 제기했다. 국가관계 구도에서 중국은 다음과 같은 시기를 거쳤다. 1950년대에는 중·소 동맹을 핵심으로 사회주의국가들과 관계를 밀접히 하는 동맹시기였다면, 60~70년대는 제3세계국과의 관계를 중점으로 발전시키는 비동맹시기였다. 80년대에는 그 어떤 나라들과도 전략관계를 구축하지 않았고 모든 나라들과 동맹을 결성하지 않은 비동맹시기였으며, 1990년대 중기에는 동반자관계를 구축하여 20세기로부터 21세기로 뛰어넘는 국가관계로 발전시키는 시기이다. 냉전이 종식된 후 다극화 추세가 어려움 속에서도 발전했다. 국제적인 각종 역량들이 새롭게 분열조합하면서 대국관계가 전례없이 활성화되어 21세기를 향하는 신형 대국관계를 적극 구축해나갔다. 중국은 1990년대 중기에는 21세기를 향한 동반자 관계를 구축하자고 제안했으며, 실제행동에 옮겼다. 동반자관계는 동맹을 맺지 않으며, 협력조약을 체결하지 않는다. 동반자관계는 냉전 사유로 구축된 신형의 국가관계이며, 동맹을 맺지 않고 대항하지 않으며 제3국을 겨냥하는 것이 아니라, 평등하고 호혜적인 관계이자 상호 부축이고 상호 제약하는 관계이다. 이 같은 냉전 후 형성된 신형의 국제관계는 세계의 평화와 안정, 발전을 다그친다. 동반자관계 및 비동맹을 두 가지 다른 국가관계 구도로 삼으며 원칙이 변하지 않는 한 모두 평화공존 5가지 원칙을 방침으로 한다. 그러나 동반자 관계와 비동맹은 제기된 시간이 필경 다르다. 그 중 하나는 냉전이 종식된 후 중국의 개혁개방이 괄목할 성과를 거둔 전제하에서 제기한 것이고, 다른 하나는 1980년대 중국의 개혁개방 초기에 제기한 것이다. 비동맹은 중국 개혁개방 초기의 국제환경과 중국의 실력에 착안점을 두었기에 확실히 실제적이라 할 수 있다. 하지만 동반자관계는 1990년대 중기에 제기되었기에 21세기에 착안점을 두었다. 이런 관계는 여러 가지 이상(理想)적인 색채가 다분하기 때문에 이를 실현하자면 많은 어려움이 따랐다.

둘째, 평화를 수호하고 발전을 다그치는 종합적이고 안전한 이념을 제기했다. 냉전이 종식된 후, 중국정부는 중국의 안전이익을 위해, 지역 및 세계의 평화와 안정을 수호하기 위해 신 안전관(安全观)을 적극 창도했다. 신 안전관은 주로 냉전 사유를 가진 전통적인 안전관을 말한다. 중화인민공화국이 수립되어서부터 1970년대 말에 이르기까지 중국은 2개의 큰 정치집단이 대립하는 국제환경에서 정치 안전문제를 주 내용으로 하는 국제 안전관을 형성했다. 중국은 제국주의와 패권주의는 국제안전을 위협하는 주요 근원이라고 여겼기에 냉전시기의 안전관을 의식형태와 국가주권으로부터 고려했으며, 국가의 주권을 수호하는 것이야말로 국가안전을 수호하는 것이라 여겼기에 국가안전전략을 국제안전전략과 결부시켰던 것이다.

냉전이 종식된 후, 국제형세는 근본적으로 변했다. 새로운 역사적인 조건하에 안전의 의의는 종합개념으로 탈바꿈했다. 내용면에서 군사와 정치로부터 경제, 과학기술, 환경, 문화, 인권 등 분야로 확대되었다. 안전을 모색하던 것으로부터 다원화로 발전했으며, 대화와 협력으로 공동안전을 모색하는 경로로 삼았다. 1990년대 중기에는 시기에 따라 신 안전관을 제기했다. 동남아시아 연합지역 포럼 외무장관회의에 참석한 중국대표단은 신 안전관에 관한 중국 측의 입장을 대회 측에 제기했다. 즉 중국은 국제사회에 중국의 신 안전관이 내포한 의미를 상세하게 설명했다. 중국은 신 안전관의 핵심은 서로 신임하고 호혜, 평등의 원칙 하에서 서로 협력해야 해야 한다고 여기고 있다. 중국은 신 안전관의 합작유형은 영활성이 있고 다양해야 한다고 주장한다. 합작유형에는 구속력이 강한 다변 안전시스템, 포럼성을 띤 다변안전대화가 망라되며, 증진하고 신임하는 양자 안전협상 및 학술성적인 비 관방안전대화 등이 망라된다. 경제이익의 융합을 추진하는 것도 안전을 수호하는 효과적인 방법이다. 세계는 참으로 풍부하고 다채롭다. 아태지역은 더욱 다채롭다. 세계적인 여러 가지 문명, 다른 사회제도와 사회발전의 길은 마땅히 상호 존중해야 한다. 세계 다양성은 현실세계에 차이점과 구별점을 생성시켰다. 하지만 차이점과 구별 점의 생성은 일시적이며, 융합이나 협력만이 궁극적인 결과이다. 다양성의 존재 및 그 내재적인 상호작용으로 인하여 인류는 진화하고 세계는 발전하는 것이다. 세계적인 다양성을 존중하는 것은 국제사회의 민주화를 제창하기 위하는데 있다. 국제사회는 다양성을 띤 사회이며 민주는 그 본질에 있다. 냉전이 종식된 후, 국제사회의 주체는 점점 다원화 되었고. 이 같은 다원화한 주체는 민주화를 실현할 것을 요구하고 있다. 세계의 다원화를 존중하는 것은 세계 여러 가지 문화문명의 교류를 추진하게 했다. "소프트파워"를 핵심으로 하는 문화문명은 한 나라의 종합국력을 가늠하는 중요한 지표가 되었을 뿐만 아니라 하드파워, 제도 등 요인을 대체하기도 했다. 지금은 문화문명이 사회정치경제와의 연계가 점점 더 밀접해지고 있다. 문화는 이미 인류사회 발전의 전략자원과 재부로 되었다. 누가 선진적인 지식기술을 장악했는가에 따라 세계문화 발전에서의 주도권을 장악하게 되며, 미래 사회발전의 고지를 점령할 수 있다.

셋째, "사람을 근본으로"하는 외교이며 "백성을 위한 외교"이념을 제기했다. "사람을 근본"으로 하는 중국외교는 중국이 30여 년 동안 개혁개방을 실시한 결과이며, 중국이 시민사회를 발전시킴에 있어서 필연적인 결과이기도 하다. 사실 중화인민공화국은 창립된 이래

역대 정부의 집권이념 모두가 사람을 근본으로 하고 인민을 위한 집권이었다. 중국의 외교는 중국 인민의 외교이며, 외교의 기반은 인민이었다. 마오쩌둥, 저우언라이도 모두 이에 대해 자세히 논술했다. 이들은 인민에게 외교를 맡겨야 한다고 주장했으며, 인민의 시선을 외교의 토대로 삼다. 국가는 추상적인 것으로 광범위한 인민의 이익을 대표하며, 외교에서 민생과 민권을 반드시 동시에 돌봐야 한다고 주장했다. 중국은 외교사업을 펼침에 있어서 인민을 위해 복무해야 한다는 중요한 내용을 많이 첨가했다. 이를테면 외교부 "대중 개방의 날"을 제정했고, 대중외교처를 설립했으며, 역사자료(기록)들을 점차 개방하고, 인터넷과 네티즌이 외교 화제를 두고 상호 교류할 수 있게 했다. "사람을 근본으로 하고 인민을 위한 집권이어야 한다"는 목표를 관철시키기 위해 중국은 외교제도를 건립함에 있어서 큰 변화를 보였다. 외교부와 외국주재 중국외사관은 돌발사태 대비책을 마련하여 중국공민과 외국에 거주하고 있는 중국인(화교)의 권리를 수호했다. "인민을 위한 외교"는 21세기 중국외교의 또하나의 상징으로 되었다.

넷째, "조화로운 세계"를 구축하자는 새로운 이념을 제기했다.

2005년 9월 15일 유엔총회(유엔 설립 60주년 행사)에 참석한 중국 후진타오 주석은 "조화로운(和諧世界) 세계론"을 처음으로 제기했다. 2007년 10월 후진타오 주석은 중국공산당 17차 당대표자대회에서 "조화로운 세계"를 구축하자고 재차 강조했으며, 정치, 경제, 문화, 안전, 환경 5개 부분으로 나누어 상세히 논술했다. 정치면에서는 상호 존중하고 평등협의의 원칙을 내세우며, 국제관계에 있어서 민주화를 공동 추진한다. 경제면에서 상호 협력하고 우세를 상호 보완하며 경제글로벌화를 추진하여 서로 도움이 되고, 다 같이 이익을 얻도록 균형 발전해야 한다. 문화면에서 서로 간에 거울로 삼고, 공통점을 찾고 다른 점을 보류하며, 세계 다양성을 존중하며 인류문명과 번영 발전을 공동으로 추진한다. 안전 면에서 상호 신임하고 협력하며, 전쟁이 아닌 평화의 방법으로 국제분쟁을 해결하여 세계평화와 안정을 수호해야 한다. 환경 면에서 서로 돕고 협력하여 인류가 생존할 수 있는 지구로 가꾸어야 한다. "조화로운 세계" 이념은 정세의 변화에 따른 중국의 대외정책을 공시하는 것이며, 또 국제, 국내 쌍방향으로 작용하는 형세에서 제기된 중국 외교의 지도사상이기도 하다. "조화세계"를 추구하는 근본적인 가치목표는 민주적이고 공정하며, 평등한 국제정치경제질서를 유지하여 세계의 평화, 번영을 지속 실현하는 것이다. "조화세계"론에는 국제정세에 대한 중국정부와 지도자들의 기본적인 판단이 집중 표명되었고, 21세기 초 중국의 글로벌전략으로써 구현되었다. "조화세계"론의 출범은 중국 외교가 새로운 단계에 진입했음을 의미한다.

3. 평화와 발전 : 중국의 미래지향적 외교

21세기 초, 중국정부는 "평화발전의 길로 나아가야 한다"는 중대한 전략을 제정했다. 중국공산당 17기 대표대회 보고에서는 16차 당대표자대회 이래의 중국 외교이론의 혁신과 발전에 대해 체계적으로 귀납했고, 중국의 외교 전략과 외교정책에 대해 전반적으로 논술했다. 이는 중국이 제정한 "평화발전"이란 외교 전략이 무르익었음을 뜻하며, 중국외교에서 중대한 전환을 가져왔음을 의미한다. "평화발전"전략을 지도로 하는 중국외교는 외교이념, 외교방식, 외교

구조, 외교내용, 외교책략 등 여러 면에서 새로운 시대적 특점이 있었다.

우선 평화발전의 외교 전략은, 중국의 전통 유교사상인 "화합철학"의 문화가 새로운 시대에 지양된 산물이며, 전통적인 유교사상인 중용사상을 적극적으로 반영한 것이다.

중국 고대 외교사상은 공자, 맹자의 '인', '의', '예'의 영향을 많이 받았다. 공자와 맹자는 대국은 소국을 대함에 있어서 예의를 지켜야 하며, 대국은 소국의 생존을 위협하지 말며, 소국을 업신여기지 말아야 한다고 강조했다. 화위귀(和为贵-화합을 가장 아름다운 것으로 여기다), 화이부동(和而不同-군자는 화합하되 무리짓지 않는다), 회유원인(怀柔远人-은덕으로 멀리하던 사람과 가까이하게 된다), 상덕억무(尚德抑武-덕을 숭상하고 무예를 경시하다)는 유교사상인 중국 외교문화의 핵심이다. 중국의 발전은 국제사회에 경제물질 등 기물분야에 공헌했을 뿐만 아니라, 중국이 오랫동안 쌓아온 정통문화의 정수를 발양하고 실천하여 국제사회에 문화적인 이념을 이바지했다. 21세기 중국의 평화발전의 외교 전략은 중국 고대전통인 화합외교 문화에 대한 계승과 발전이며 '평화'의 정수를 섭취하고 '만국 중심'의 존비관념을 버리는 새로운 외교이념을 형성했다. 이 같은 외교 전략은 1960년대 외교 전략인 "혁명투쟁철학"을 능가했고, 단일한 국가이익을 능가했을 뿐만 아니라, 세계적인 안목을 갖게 했으며 더 높은 차원에서 국가이익과 국제사회의 이익을 통일시켰다.

다음으로 평화발전의 외교 전략은 당시 세계발전 추세에 따른 필연적인 선택이었다. 당시 세계는 일대 변혁을 하고 있었고, 대대적으로 조정을 진행하고 있어서 세계 다극화는 되돌릴 수 없이 발전하여, 경제 글로벌화로 발전했으며, 세계 및 지역 간 협력이 발전을 거듭했다. "내 마음속에 네가 있고 네 마음속에 네가 있으며"(你中有 我, 我中有你), 죽으면 같이 죽고 살면 함께 살 수 있듯이 우리는 각 국이 상호 의존하는 세계에 처해 있다. 이 같은 국제사회 운명공동체 로 인하여 인류사회는 더욱 끈끈해졌으며, "국제적인 문제"에 대해 공동 대처하기로 했다. 평화를 추구하고, 발전을 도모하며, 협력을 추진하는 것은 세계 각국 인민의 공동의 염원이며, 그 무엇으로도 가 로막을 수 없는 역사적인 추세이다. 그 어떤 나라든 자국의 발전 목 표를 실현하자면 세계의 발전에 순응해야 한다. 평화발전의 외교 전 략은 이 같은 국제형세의 변화에 따라 제정된 것이다.

그 다음으로 평화발전의 외교 전략은 중국이 국제사무를 보는 과 정에서 상응한 국제적인 책임을 감당하고 있음을 알 수 있다. 일국의 국제적인 책임은 국제사회가 감당해야 하는 경제, 정치, 안전, 도의 (도덕과 정의) 등 분야에 대한 한 나라의 책임이 포괄되며, 이는 국 제사회에 대한 한 나라의 역할 및 그 나라의 능력에 알맞은 공헌을 뜻 한다. 개혁개방을 실시함에 있어서 "성과가 있는(有所作为)" 중국의 외 교는 기백이 넘쳐흘렀고, 자신감이 넘쳤으며, 적극적인 태도로 책임 을 다하는 대국의 형상을 수립했다. 이 같은 형상의 수립은 외교적인 이념과 외교 실천이라는 두 가지 면에서 구현되었다. 즉 신 안전관, 공동발전과 공동이익, 다극화와 국제관계 민주화 및 문화다양성 등 외교적인 이념에서 구현되었으며, 대국과 개발도상국과의 관계를 처리하고, 지역과 글로벌 다변 국제시스템 등 외교에서 강렬한 책임 의식을 보여주었다. 이런 책임의식은 근본적으로 세계평화 및 발전 하는 시대적 주제에 부합하는 것이었으며, 중국 및 국제사회의 이익 목표와도 일치하기 때문에 국제사회의 지지를 얻을 수가 있었다.

여기서 집고 넘어가야 할 것은 중국의 '평화발전'이라는 외교적 이념은 일시적인 대책이 아니라 장기간 집행해야 할 기본적인 외교방침이라는 것이다. 역사적으로 볼 때 독일, 일본 등 신흥대국은 약속이나 한 듯이 도전해 왔고, 국제적 시스템을 갖춘 길로 나아갔는데, 결국 세계에 막대한 재난을 가져다주었을 뿐만 아니라 자국에도 크나큰 고통을 안겨주었다. 중국도 이러한 길을 걸을까 염려되는 것이다. 사실 이 같은 극히 단조로운 역사적 사실로부터 추리해낸다는 것은 도저히 성립될 수 없는 것이다. 그러므로 제2차 세계대전이 일어난 후 특히 냉전이 종식된 후, 세계 정치경제구도에는 심각한 변화가 일어났다. 첫째, 글로벌 정치경제 일체화로부터 더 높은 차원으로 발전했으며, 국가 간의 경쟁이 군비경쟁으로부터 경제 및 과학기술에 대한 경쟁으로 탈바꿈했으며, 새로운 시기 전쟁 혹은 기타 무력으로 국토를 개척하려고 해서는 안 된다. 둘째, 정보기술의 부단한 발전으로 인하여 더 밀접한 국제사회를 형성했으며, 각국이 소통하고 왕래하는 횟수가 더 늘어났다. 이런 상황에서 약탈하는 방법으로 발전하려고 한다면 이는 비현실적인 방법일 수밖에 없다. 셋째, 현재 있는 무기, 특히 핵무기 파괴능력이 끊임없이 발전하여 그 어떤 나라든지 대규모의 전쟁을 통해 이익을 취해서는 안 된다. 그렇기 때문에 전쟁을 통해 이익을 챙기려 한다면 이는 원가와 수익이 불균형을 이루는 것과 다를 바 없고, 이익이 없는 선택에 불과하다. 중국의 입장에 대해 말한다면 제일 현명한 선택은 바로 국제질서에 대한 존중이자, 국제적인 메커니즘에서 더 많은 발언권을 얻은 것이며, 자국의 발전과 더불어 국력 운영을 통해, 세계적인 공리와 정의를 수호하는 데 있다. 중국 해군이 멀리 떨어져 있는 소말리아 해적을 퇴치한 것은 중국이 대국으로서의 책임을 다한 사례이기도 하다. 또한 전통문화에서 조화로움을 강조한 중용사상의 화합문화를 중시케 하여 중국으로 하여금 국제사회에 전면 도전하는 극단적인 길로 나아가지 못하게 했다.

중국은 선인들이 걷지 않은 평화발전의 길로 나아가고 있다. 중국은 새로운 시대적 환경에서 신속하게 일어서고 있는 대국임이 틀림없다. 평화발전의 길은 중국으로 말하자면 당연히 걸어야 할 길이자 반드시 걸어야 할 길이기도 하다. 평화발전의 길은 중국이 향후 순조롭게 발전할 수 있는 유일한 길이기 때문이다. 중국의 평화발전의 길은 세계에 평화와 번영을 가져다주었을 뿐만 아니라, 강대한 "시범효과"를 통해 향후의 신흥대국에 기회를 제공하게 되었으며, 이로부터 세계의 평화를 간접적으로 추진하고 수호하게 했다. 다시 말하자면 중국의 평화발전의 길은 세계의 새로운 발전의 길이며, 이 길은 중국과 세계에 극히 중요한 역사적 의의를 갖고 있는 것이다.

맺음말

중국 발전의 특징, 국제적 영향 및 전망

    중국이 걸어온 길은 중국공산당이 근면하고 용감한 중국 인민들을 이끌어온 길이며, 마르크스주의 지도하에 90여 년 동안 분투해온 길이며, 혁명하고, 건설하고, 개혁하는 위대한 실천과정에서 점진적으로 형성, 발전한 길이다. 중국 발전의 길은 공간적으로 볼 때 현존하고 있는 당대 자본주의 발전의 길과 완전히 다르며, 시간적으로 봐도 20세기 초기 러시아인들이 개척한 사회주의 발전의 길과도 다를 뿐만 아니라, 세계 기타 사회주의 국가가 걸어온 길과도 다르다. 중국이 걸어온 길은 중국에 영향을 주었을 뿐만 아니라 전 세계에도 영향을 주었다.

1. 중국 특색의 사회주의 길의 특징

    중화인민공화국은 창립된 후 60년 동안 건설하고, 개혁을 거쳐 고도로 집중된 기획경제 체제로부터 활력으로 충만한 사회주의 시장경제 체제로 발전했으며, 폐쇄, 반 폐쇄 상태로부터 전면적으로 대외에 개방하는 역사적인 전환을 가져왔으며, 사상적 난항을 이겨내고, 억만 인민군중의 적극성과 창의성을 불러 일으켰으며, 생산력의 해방 및 발전을 촉구했다. 이 같은 성과를 거둘 수 있었던 것은 중국이 자국의 국정에 맞는 발전의 길을 걸었기 때문이다. 기타 국가의 발전(길)과 비교해 볼 때 중국이 걸어온 길은 다음과 같은 몇 가지 특징이 있다.

1) 중국의 길은 중국공산당의 영도 아래 개척한 독특한 사회주의 길이므로 서방의 자본주의 발전의 길과는 분명히 구별된다

중국공산당은 "중국의 길"의 개척자이자 중화민족으로 하여금 이 길로 나아가도록 이끌어준 지도자이다. 중국공산당은 1956년 사회주의 개조를 완성한 후, 중국의 길에 대해 기초적인 탐색을 하기 시작했다. 마오쩌둥을 핵심으로 하는 중국공산당의 1세대 중앙지도자들이 집단적으로 마오쩌둥 사상(마오이즘)을 수립하고 전당, 전국 각 민족 인민들을 인솔하여 중화인민공화국을 창립, 사회주의 혁명과 건설에서 위대한 성과를 거두었으며 사회주의 건설법칙을 어렵게 탐색하는 과정에서 소중한 경험을 쌓는 전제 하에서 중국의 길을 개척하게 되었다.

중국공산당은 1978년 중국공산당 11기 3차 전원회의 이후부터, 중국의 길을 탐색하기 시작했다. 당시 개혁개방의 새로운 시기여서 중국공산당은 인류사회의 발전법칙, 사회주의 건설법칙과 공산당 집권법칙에 대해 점차적으로 인식하게 되었으며, 과학적으로 사회주의 기본원칙을 준수하는 전제하에서 국내외의 사회주의 건설에서 얻은 경험을 종합하였고, 중국의 실제에 입각하여 중국 특색의 사회주의 길을 개척했으며, 중국특색의 사회주의 이론시스템을 형성했다. 중국공산당 17차 당 대표자대회 보고는 다음과 같이 강조했다. 당대 중국은 중국특색의 사회주의의 위대한 가치를 둔 가장 근본적인 것은 중국 특색의 사회주의 길로 나아가는 것이었고, 중국 특색의 사회주의 이론시스템을 구축한 것이다. 중국 특색의 사회주의 길로 나아가고 중국특색의 사회주의 이론시스템을 구축하자면, 반드시 당의 영도를 끝까지 따라야 한다. 중국공산당은 중국특색의 사회주의의 위대한 사업을 지속 추진하고, 당의 집권 목표를 실현하자면 개혁정신으로 당 건설을 더욱 강력하게 당의 집권능력을 향상시켜야 한다.

2) 중국의 길은 중국의 기본 국정에 입각한, 중국의 실제에 부합되는 과학발전의 길로서 제도를 설계함에 있어서 뚜렷한 특색이 있다

중국공산당 17기 당 대표대회 보고는 다음과 같이 명확히 밝혔다. "중국특색의 사회주의 길이 완전히 정확할 수 있고, 중국의 발전과 진보를 이끌 수 있은 관건은 우리가 과학적 사회주의 기본원칙을 두고 중국의 실제와 시대적 특징에 근거하여 선명한 중국 특색을 부여했기 때문이다." 다시 말하면 중국의 길은 제도적 장치에 있어서 사회주의를 구현했을 뿐만 아니라, 기타 사회주의 국가와 구별되는 "중국 특색"을 가지고 있다.

경제발전의 길을 택함에 있어서, 중국은 중국특색의 사회주의 기본 경제제도를 구축했다. 소유제를 구축함에 있어서 중국은 공유제를 주체로 한 여러 가지 소유제 경제가 공동 발전하는 기본 경제제도를 구축했다. 분배제도를 실시함에 있어서 중국은 노동에 따라 분배 (按勞分配)하는 것을 기본원칙으로 하고, 여러 분배방식을 결합하는 분배제도를 실시했다. 경제관리 및 시스템운영에서 중국은 사회주의 시장경제체제를 구축했다. 사회주의란 조건하에서 시장경제를 발전시킨 것은 중국공산당원들이 마르크스주의 발전에 대한 역사적인 공헌이며, 또한 중국경제 발전의 뚜렷한 특징을 구현했던 것이다.

정치발전의 길을 택함에 있어서, 중국공산당은 절대로 서방의 정치발전 유형을 따르지 않는다고 강조하면서, 중국 특색의 사회주의 정치발전의 길을 모색하였다. 이 발전의 길은 "공산당의 영도와 인민이 나라의 주인 노릇을 하는 것을 견지하고, 법에 따라 나라를 다스리는 것을 유기적으로 통일하며, 인민대표대회 제도와 중국공산당이 영도하는 다당 합작과 정치협상 제도를 보완 견지하고 민족구역 자치제도 및 기층민중 자치제도를 보완하고 사회주의 정치제도의 자기 개선과 발전을 간단없이 추진하는 것이다."

문화발전의 길을 택함에 있어서, 중국은 중국특색의 문화발전의 길을 확립했다. 중국이 구축하려는 중국특색의 사회주의 문화는 마르크스주의를 지침으로, 이상이 있고 도덕이 있고 문화가 있고 규율을 지키는 공민을 양성하는 것을 목적으로, 현대화를 지향하고 세계를 지향하고 미래를 지향하는 민족적이고 과학적이며 대중적인 사회주이 문화를 구축하는 것이다. 이런 문화는 고도의 과학성, 선명한 민족성, 시대성, 개별성 및 대중성을 가지고 있다. 따라서 전국 각 민족 인민들의 중요한 역량을 응집하고 격려하는 것은 종합국력의 중요한 지표이다.

사회주의 건설의 길을 선택함에 있어서, 중국은 조화사회 발전의 길을 강조했다. 민주와 법치, 공평과 정의, 성신과 우애, 활력 충만, 질서 안정, 인간과 자연이 조화를 이루는 총체적인 요구에 따라 사회건설과 경제건설, 정치건설, 문화건설의 조화로운 발전을 추진해야 한다고 강조했다.

3) 중국의 길은 경제건설을 중심으로, 네 가지 기본원칙을 견지하고 개혁개방이라는 발전의 길을 견지하는 것인데, 전략적 중점, 제도적 보장, 발전의 동력 등을 발전시키는 면에서 혁신적인 방법을 구비하고 있다

중국공산당은, 현재 중국은 사회주의 기초단계에 처해있고, 또한 향후 장시간 동안 사회주의 기초단계에 처해있을 수 있으므로, 중국은 사회발전의 길을 선택함에 있어서 반드시 사회주의 기초단계라는 이 실제에 입각해야 한다고 강조했다. 중국의 사회주의는 아직도 기초단계에 처해 있어서 저발전에 자격 미달 사회주의이다. 때문에 반드시 경제건설을 중심으로 해야 한다. 중국이 걷는 길은 마르크스주의를 지침으로 하는 사회주의 길이므로 반드시 네 가지 기본원칙을 견지해야 한다. 개혁개방은 사회주의 발전의 필연적인 길이고, 중국특색의 사회주의 발전의 원동력이므로 중국은 반드시 확고부동하게 개혁개방을 실행해야 한다. "경제건설을 중심으로 하고 네 가지 기본원칙을 하는 것과 개혁개방을 기본 입각점으로 하는 것(一个中心、两个基本点)"은 이 발전의 길을 간단명료하게 귀납한 것이며, 또한 중국공산당의 사회주의 초급단계 기본노선에서의 핵심 내용이기도 하다.

사회주의 기초단계라는 실제로부터 출발하여 중국사회주의 사업을 지속적으로 추진하려면 반드시 사회주의 기초단계에서의 공산당의 기본 노선을 시종일관 주시해야 한다. 중국공산당 17기 당 대표대회 보고는 다음과 같이 강조했다. 당의 기본노선은 당과 국가의 생명선이며, 중국 특색의 사회주의 사업을 과학적으로 발전시키는 정치적 보장이다. 경제건설을 중심으로 하는 것은 나라를 부흥시키기 위한 요구이고, 당과 국가가 번영 발전하고 장기적인 안정을 실현하는 근본적인 요구이다. 네 가지 기본원칙은 건국의 근본이며, 당과 국가가 생존하고 발전할 수 있는 정치적 초석이다. 개혁개방은 강국이 되게 하는 길이며, 당과 국가 발전하고 진보할 수 있는 활력의 원천이다. 개혁개방을 하고 현대화 건설을 하는 과정에서, 경제건설을 중심으로 하여 네 가지 기본원칙과 개혁개방이라는 이 두 가지 기본점을 중국 특색의 사회주의로 발전시키는 것과 결합하는 것을 언제든지 동요해서는 절대 안 된다.

4) 중국의 길은 생산력을 활성화하고 발전시키어, 사회주의 제도를 공고히 하고 개선하는 것을 근본 과업으로 하는 발전의 길이며, 이 길은 발전적 과업에 있어서 혁신성이 있다

생산력은 사회를 발전시키는 가장 근본적이고 결정적인 요소이다. 사회주의는 반드시 고도로 발전한 생산력을 기반으로 하여 구축해야 한다. 사회주의 혁명은, 생산력을 활성화하고 발전시키기 위한 것이며, 사회주의 개혁 역시 생산력을 한층 활성화하고 발전시키기 위한 데 있다. 장기간의 혁명과 건설, 개혁과정에서 중국공산당은 중국처럼 경제문화가 비교적 낙후한 조건하에서 사회주의를 건설하려면 반드시 생산력을 발전시키는 것을 근본적이고 우선적인 과업으로 간주하며, 반드시 당이 집권하고 흥국하는 우선적인 과업으로 간주해야 한다는 것을 깊이 인식한데서 선진적 생산력을 대표하는 발전 방향을 따라 일관성 있게 생산력을 대대적으로 발전시키고 있다.

생산력을 활성화하고 발전시키려면 반드시 개혁을 실시해야 한다. 개혁은 중국특색의 사회주의를 발전시키는 강력한 동력이기 때문이다. 개혁은 새로운 혁명이므로, 반드시 정확한 방향을 견지해야 한다. 중국 근대 이후의 역사와 발전은 우리들에게 오직 사회주의만이 중국을 구할 수 있고, 오직 사회주의만이 중국을 발전시킬 수 있다는 도리를 거듭 말해주고 있다. 때문에 개혁이, 우리가 구축한 사회주의 근본적 제도를 부정하거나 포기하는 것이 아니라 우리나라 사회주의 제도의 자기 개선과 발전을 촉진하고 사회주의에 새로운 생기와 활력을 부여하여 중국 특색의 사회주의 사업의 과학적 발전을 추진하려는 것이다. 따라서 중국특색의 사회주의 길 역시 사회주의 제도를 공고히 하고 혁신하는 발전의 길이다.

5) 중국의 길은 사회의 전면 발전을 추진하여, 부강하고 민주적이고 조화로운 사회주의 국가를 건설하는 것을 발전 목표로 하는 발전의 길로서, 이 길은 발전의 내용에서 일반성을 가지고 있다

사회주의 사회는 전면적으로 발전한 사회이다. 중국특색의 사회주의는 전면적으로 발전하고, 진보하고, 현대화한 사회이다. 중국공산당은 개혁개방을 하고 사회주의 현대화 건설을 진행하는 과정에서 중국특색의 사회주의의 전반 계획을 점차 형성하고 보완하였다. 중국공산당 12기 당 대표대회에서는 "세 가지 발전 단계(三步走)"라는 현대화건설의 전략적 배치를 분명히 함과 동시에 경제 부강, 정치 민주, 정신문명을 포함한 3위 1체의 현대화를 건설의 전반적 구조로 제기했다. 중국공산당 15기 당 대표대회는 사회주의 현대화를 건설하는 총체적 목표를 둘러싸고 당의 기본 이론, 기본 노선을 토대로 하여 중국특색의 사회주의 경제, 정치, 문화건설의 기본 강령을 제정함으로써 "3위 1체"라는 현대화 건설의 구조가 더욱 뚜렷해지고 보강되었다. 새로운 세기 새로운 단계에 들어서서 복잡한 국제 형세와 끊임없이 변화하는 국내 구조에 직면한 중국공산당은 사회주의와 조화로운 사회를 구축하자는 명제를 공식적으로 제기한데서 중국 현대화 건설의 전반적 계획이 물질문명, 정치문명, 정신문명 건설이라는 "3위 1체"로부터 조화 사회를 구축하자는 내용이 망라되면서 그 구조가 "4위 1체"로 심화되고 넓어졌다. 현대화 건설의 전략 구조가 심화되고 넓어졌다는 것은 사회주의 건설 법칙에 대한 중국공산당의 인식이 날로 깊어지고 있다는 것을 말해준다.

　중국공산당은 사회주의 현대화의 전반적 구조를 날로 확장하는 동시에 사회주의 기초단계 관련 분투 목표도 날로 분명히 했다. 중국공산당 13기 당 대표대회에서는 사회주의 기초단계라는 실제와 결부하여 중국을 부강하고 민주적이며 문명한 사회주의 현대화 국가로 건설해야 한다는 분투 목표를 제기했다. 중국공산당 14기 당 대표대회에서는, 경제건설을 중심으로 사회주의 민주 법제와 정신문명 건설을 강화하여 사회의 전면 발전을 추진해야 한다고 밝혔다. 중국공산당 16기 6차 전원회의에서는, 중국 특색의 사회주의 발전 목표를, "우리나라를 부강하고 민주적이고, 문명하고, 조화로운 사회주의 현대화 국가로 건설해야 한다"며 분투 목표를 보완하였다. 이 말을 중국공산당 17기 당 대표대회 보고문에 써넣었고 신규 중국공산당 당 규약에 써넣었다. 이 모든 것은 중국의 길은 사회주의 시장경제, 사회주의 민주와 정치, 사회주의 선진적 문화, 사회주의 조화사회를 건설하는 발전의 길이며, 부강하고 민주적이고 문명하고 조화로운 사회주의 국가를 건설하는 것을 발전 목표로 하는 발전의 길임을 말해주고 있다.

6) 중국의 길은 평화 발전의 길이며, 이 길은 조기 현대화 국가의 발전의 길과 현저한 차이가 있다

근대 이후의 역사는 국제 구조와 세계질서를 급변하게 했으며, 심지어 대전을 유발한 적도 있다는 사실을 거듭 알려주고 있다. 주요한 원인으로 대국이 침략과 전쟁을 발발하여 기존의 국제 시스템을 깨뜨리고, 대외 확장을 통해 패권을 쟁탈하는 길로 나아갔기 때문이다. 유럽의 발전은 그의 확장과 동시에 병행했는데, 그 과정에서 많은 피바람이 몰아쳤다. 다른 지역에 대한 유럽의 무력 정복이 이를 말해주고 있다. 이 무력 정복의 방법은 흔히 실패로 돌아갔다.

중화민족은 평화를 사랑하는 민족이다. 중국은 줄곧 세계의 평화를 수호하는 견정한 역량이었다. 세계 역사발전의 경험과 교훈을 이해하고 오늘날 복잡한 세계의 형세를 분석한 중국공산당은, 중국은 시종일관 변함없이 평화 발전의 길을 모색하면서, 지속적인 평화와 공동 번영하는 조화로운 세계를 구축해야 한다고 강조하고 있다. 이 같은 평화 발전의 길은 시대의 흐름과 더불어, 세계문명과 함께 하는 발전의 길이었다. 중국 특색의 사회주의는 세계의 시스템과 동떨어진 폐쇄된 것이 아니라 세계와 융합된, 매우 개방된 시스템이다. 오늘날 세계는 개방된 세계이다. 중국의 발전이 세계를 떠날 수 없듯이 세계의 번영과 안정 역시 중국을 떠날 수 없다. 중국특색의 사회주의는 반드시 대외개방을 실시하는 사회주의여야 하며, 인류문명의 모든 성과를 받아들이고 본보기로 삼아야 한다. 그렇기 때문에 중국 특색의 사회주의를 건설한 과정에서, 중국공산당은 세계적인 안목을 가지고 세계 선진적인 것을 학습하는데 중점을 둬야하며, 중국과 세계가 교류하는 과정에서 본국의 실제와 부합되는 사회주의를 건설해야 한다. 세계의 그 어떤 문명이든 자체의 장점과 우위가 있으며, 중국 자국의 문명을 포함한 그 어떤 문명이든 완전히 봉쇄된 상태에서 발전할 수 없다. 특히 당대에, 경제 활동 범위가 넓어지고 통신수단이 발전하고 교통도구가 개선됨에 따라 세계 여러 문명 간의 연계와 교류가 날로 밀접해졌다. 이 같은 외부 환경의 변화는 중국에 영향을 줄 수 있다. 중국의 발전은 중국의 발전에 입각해야 하며, 또한 세계와의 비교 속에서 발전해야 한다. 때문에 중국특색의 사회주의 길로 나아가려면 반드시 언제나 세계의 변화에 주목하고, 세계 생산력, 문화 등 발전 동향과 추세를 똑바로 주시해야 하며, 다른 나라와 다른 민족의 발전된 경험을 폭 넓게 받아들이고 시대 발전의 추세를 파악함으로써, 우리의 경제, 정치, 문화, 사회 등 각 분야에서 시대적 정신과 창조적 정신을 충분히 구현할 수 있게 해야 한다.

한 마디로, 중국의 길은, 중국이 번영 부강하고, 중국 인민들이 행복할 수 있는 올바른 길이다.

2. 중국 특색의 길이 국제 사회에 미치는 영향

사회주의 발전의 길은 30년간의 찬란한 여정을 거쳐 거대한 성과를 거두었고, 인류사회에 크나큰 공헌을 했으며. 중국으로 하여금 세계에서 양호한 국제형상을 수립하게 했을 뿐만 아니라 중국에 대한 국제인사들의 견해를 변화시켰다. 또한 개발도상국에 본보기가 될 수 있는 발전의 길을 제공했으며, 더욱 중요한 것은 중국 특색의 발전의 길은 세계 사회주의에 매우 깊은 영향을 끼쳤다.

1) 중국의 빠른 발전은 세계 평화발전에 극히 깊은 영향을 주었다

30년 동안의 개혁개방을 통해 중국과 세계의 관계는 역사적인 변화를 거듭했고, 중국의 발전은 세계에 이익을 가져다주었다. 후진타오 동지는 보아오 아시아 포럼 2008년 연례회의에서 "30년 동안의 개혁개방은 우리들에게 중국은 세계를 떠나 발전할 수 없고, 세계의 번영과 안정도 중국을 떠날 수 없음을 말해준다"고 지적했다. 30여 년 간의 개혁을 통해 중국의 경제는 이미 세계 경제의 중요한 구성부분으로 되었다. 이러 했기에 미국 전임 대통령의 경제고문이며 세계의 저명한 경제학자인 존 러트릿지는 "중국은 전례 없는 놀라운 경제 성장세를 유지했으며, 중국은 독특한 방식으로 정치, 경제, 문화 등 각 영역에서 세계를 바꾸어 놓았다"고 말한 바 있다.

중국은 세계의 앞날과 긴밀히 연결되어 있으며, 중국의 성공경험은 세계의 경제발전을 추진함에 있어서 시범역할을 하게 된다. 개혁개방을 실시한 후 중국은 경제건설 면에서 놀라운 성과를 이루었으며, 전 세계에 소중한 "중국의 영험(靈驗)"을 제공했으며, 가난하고 낙후한 개발도상국에 희망의 불씨를 심어주었다. 중국의 빠른 발전은 세계 구성에 위협이 되지 않았을 뿐더러 도리어 세계의 경제발전에 믿기 어려운 기회를 제공했다.

중국이 앞장서 평화발전의 길과 세계 평화의 발전을 새롭게 추진했다. 중국은 모든 형식의 패권주의와 강권정치를 반대하며, 중국은 빌미를 대고 타국의 내정을 간섭하는 그 어떤 나라의 그 어떤 행위에 대해서도 반대했다. 중국은 줄곧 군비경쟁을 반대했다. 중국은 핵무기 사용을 일절 금지하고, 핵무기를 소각할 것을 요구했으며, 무기와 군대를 대폭 감축할 것을 요구하는 평화발전의 새로운 이념을 선도했다. 이 같은 이념은 세계 인민이 단결하여 패권주의를 고립시킴에 있어서 중요한 의미를 두었다. 중국은 또 나라와 나라간의 논쟁을 대화나 평화의 방식으로 해결할 것을 주장했다. 중국은 유엔이 "유엔헌장"의 종지와 원칙에 따라 갖가지 업무를 진행하도록 적극 부추겼으며, 유엔이 개최하는 세계 평화발전에 도움이 되는 각각의 행사에 적극 참여키로 했다. 중국은 또 평화와 발전의 길로 나아가며, 조화로운 세계를 구축하는 새로운 경로, 새로운 방법을 제기했다. 이같은 전략적 사상은 중국사회주의 건설을 안정적으로 발전시키는데 이롭고, 국제적인 역량 구조를 변화시켜 국제적인 분쟁을 합리적으로 해결하도록 보장해주었다.

중국이 독립, 자주의 평화외교정책을 내세우는 것은 세계의 전략적 균형을 유지하고, 세계의 안정을 수호하는데 유조하며, 세계의 평화 및 발전에 대한 새로운 동력으로 되는데 유조한다. 독립자주는 중국의 평화외교정책의 핵심이다. 독립자주는 국가의 주권과 국가의 안정을 수호하고, 국가의 이익을 수호할 것을 요구하고 있으며, 그 어떤 나라든 중국의 내정을 간섭하는 것을 허용하지 않는다. 또한 동맹을 맺지 않으며, 전면에 나서서 강대국 행세를 하지 않으며(不当头), 정치적 도박을 하지 않는다는 외교원칙을 실시했다. 이 같은 외교원칙은 그 어떤 대국의 패권주의에 대해 제지하고, 반대할 수 있게 되었으며, 세계 각국과의 교류를 진행하고, 세계의 평화와 안전을 수호할 수 있게 되었다. 중국은 타국의 독립자주권을 존중하며, 의식형태와 사회제도 간에 선을 긋는 것으로 좋고 나쁨을 결정하지 않지만 사물 자체의 발전이 세계 평화와 안정에 이로운지, 이롭지 않는지에 따라 자신의 입장과 태도를 정했다. 이는 패권주의에 대하여 제3세계 국가에 대해서는 과시효과와 단결역할을 일으킴으로써 다각화 발전에 유조했으며, 세계 평화와 발전을 유력하게 추진했다.

중국은 냉전시기 사화제도에 따라 '대 가정'을 실시하는 낡은 관념에서 벗어나 평화공존 5가지 원칙을 국가 간의 관계를 처리하는 유일한 준칙으로 삼고, 세계 각국과 우호적인 협력관계로 적극 발전시켰으며, 중국과 세계로 하여금 새롭게 발전하게 했다. 중국은 '대외개방'을 견지하고 '가속 발전'을 다그치는 것을 평화벌전의 주요 수단으로 간주하고, 모든 국가와 우호적인 파트너관계를 건립하고 이를 발전시켰다. 개혁개방을 실시한 후 중국은 여러 방면으로 국제적인 파트너 관계를 건립했다. 첫째, 제3세계의 각 국과 친선, 협력관계를 건립하고, 발전시키는 것을 중국 외교정책의 입각점으로 간주했다. 둘째, 초월한 의식형태와 사회제도의 격차를 뛰어넘어 미국, 일본 및 기타 서방 국가와의 관계를 개선했다. 셋째, 사회주의 국가와의 친선협력관계를 회복하고 발전시켰다. 넷째, 주변 국가와 화목하게 지낼 수 있도록 관계를 개선하고 발전시켰다. 중국은 또 평화공존 5가지 원칙을 적극 창도하는 전제 하에서 세계적인 정치, 경제의 새로운 질서를 구축했는데 이는 평화발전 업무에 대한 공헌이 아닐 수 없었다.

중국의 발전에 대한 서방의 학자들의 인식이 점점 더 깊어갔다. 첫째, 당면 세계의 발전은 중국을 필요로 하고 있으며, 세계의 경제성장을 실현하려고 해도 역시 중국을 필요로 하고 있다. 중국을 고립시킬 필요도 없고, 고립시킬 수도 없다. 강대한 중국이 혹시 일종 도전으로 될 수 있겠지만 쇠퇴하고, 해이해지고, 통제력을 잃은 중국이 도리어 예측할 수 없는 위험이 될 수도 있다. 둘째, 중국은 세계에서 인구가 가장 많은 나라이며, 석유, 철강, 석탄 등 분야의 소비가 세계 경제성장을 이끌 수 있으며, 중국의 이익은 세계의 이익에 부합된다. 향후 세계가 어떻게 중국을 변화시키는가 하는 문제가 아니라 중국이 어떻게 세계를 변화시키는가 하는 것이다. 셋째, 중국의 전통문화를 계승하고, 포용하고 각종 형식의 사회제도를 용인하며, 선택하고 경험하는 것을 존중하며, 집단의 이익을 우선시 하며, 개인 이익보다 사회 이익을 우선시해야 한다. 이런 사상은 냉전시기의 대항사유를 대신해 21세기의 주류사상으로 되었다. 넷째, 중국의 발전의 길에서 가장 성공적인 점은 기타 국가의 유형을 그대로 옮겨온 것이 아니며, 또한 중국 특색의 발전의 길을 다른 국가에 그대로 옮겨갈 수도 없다. 하지만 그 중에는 배울 가치가 있고, 거울로 삼을 만한 많은 경험이 내포되어 있다.

2) 중국 특색의 사회주의 실천을 기반으로 하는 이론적 혁신은 과학적 사회주의 이론의 새로운 비약이다

중국특색의 사회주의 이론은 사회주의 전통형태로부터 현대형태에 이르기까지의 새로운 발전을 실현했고, 전통형태의 경직으로 인한 영향을 극복하고 사회주의 생기와 활력을 격발시키기 위하여, 중국공산당이 집권하고 각국이 본국 특색의 사회주의 길을 나아가도록 과학적인 방향을 제시했다.

첫째, 마르크스주의와 본국의 실제, 시대적 특징에 결부하고, 본국의 국정에 부합되는 사회주의 새로운 길을 완벽하게 개척했다. 개혁개방의 새로운 시기, 중국공산당은 실사구시의 사상노선을 시종일관 유지했으며, 마르크스주의 보편적인 진리를 견지함과 아울러 중국의 구체적인 실제와 결부하여 부강하고, 민주적이며, 문명하고, 조화로운 현대화한 국가를 확립하는 정치노선을 유지했다. 최근 30년 동안, 중국이 사회주의를 실천함에 있어서 성공할 수 있었던

것은 서술한 노선과 정치노선을 관철했음을 시사하며 사회주의 현대
화를 건설하는 새로운 국면을 개척했음을 말해준다.

둘째, 사회주의 본질을 파악하면서, 사회주의 사회 생산력 발전
을 지도할 수 있는 새로운 이론을 형성하였다. 개혁개방의 새로운 시
기, 중국공산당의 여러 세대의 중앙 지도자들은 집단적으로, 시종
"사회주의란 무엇인가, 어떻게 사회주의를 건설할 것인가"를 첫째
가는 기본적인 이론문제를 틀어쥐고 "사회주의 본질"을 요약했다.
이 같은 요약은 전통적인 사회주의의 본질적 관점(本质观)을 타파하
고, 생산력을 해탈시키고 생산력을 발전시키는 것을 근본적이고 첫
째가는 임무임을 명확히 했으며, 마르크스주의 고전 작가는, 사회주
의는 응당 자본주의보다 더 높은, 노동생산성이라는 가장 본질적인
속성을 창출하여, 사회주의에 대한 사람들의 인식을 극대화해야 한
다고 밝혔다.

셋째, 사회주의 기초단계의 이론을 제기했다. 마르크스주의 사회
발전 단계의 이론을 풍부히 했고, 발전시켰다. 마르크스, 엥겔스는
일찍 공산주의사회를 "제1 단계"와 "고급 단계"로 나누었고, 레닌은
사회주의를 "새로운 사회의 초급형식"이라 명명했지만 사회주의 발
전 과정에서의 일부 낮은 단계에 대해서는 구체적으로 논술하지 않
았다. 소련, 동유럽과 중국은 사회주의 발전단계에 대한 인식에서
한 때 시기를 초월하는 착오를 범했다. 개혁개방의 새로운 시기, 덩
샤오핑은 다음과 같이 명확히 지적했다. 사회주의 그 자체는 공산주
의의 기초단계이며, 중국 역시 사회주의의 기초단계에 처해 있는데
이것은 미발달 단계를 의미한다. 모든 것이 사회주의 기초단계로부
터 시작되며, 실제에 근거하여 기획을 제정했다. 사회주의 기초단계
는 전통적인 사회주의의 과도기와 공산주의의 저급단계와 다르다는

것을 의미하며, 사회주의 기초단계는 이 단계에서의 일체 노선, 방침, 정책제정에서의 실제로부터 출발한 의거이며, 이로부터 과학 사회주의는 재차 현실을 기반으로 삼게 되었다.

넷째, 사회주의와 시장경제를 결합하여 중국 특색의 사회주의시장경제이론을 형성했다. 마르크스 고전작가는 사회주의는 기획경제체제를 실시해야 한다고 주장했다. 장시간 동안, 소련으로부터 중국에 이르기까지 모두가 기획경제는 사회주의와 같고 시장경제는 자본주의와 같다는 전통 관념을 갖고 있었다. 하지만 사회주가 발전함에 따라 많은 폐단들이 속속 들어났다. 개혁개방의 새로운 시기 중국공산당은 사회주의 시장경제 이론을 명확히 제기했고, 사회주의 경제체제 개혁의 목표를 명확히 했다. 이는 기획경제를 사회주의 속성으로 간주하는 사상의 틀에서 기본적으로 해탈했으며 오늘의 중국이 어떤 경로와 체제 유형을 통해 경제현대화를 실현하는 중심 의무인 역사적 과정을 창조적으로 해결하였다.

다섯째, 소유제 구조와 분배제도에서 전통 관념을 타파하고, 공유제를 중심으로 하는 여러 가지 소유제 경제가 공동 발전하는, 소유제 형식과 이에 알맞은 새로운 분배방식을 확립했다. 개혁개방 이후, 중국공산당은 생산관계는 반드시 생산력에 적용되어야 한다는 원리로부터 입각하여 우리가 이전의 소유제와 분배방식에서의 인식적 착오를 타파하고, 공유제를 주체로 하는 여러 가지 소유제 경제형식이 공동 반전하는 기본 경제제도를 확립했으며, 노동에 따라 분배하는 분배방식을 주체로 하는 여러 가지 분배 방식이 병존하는 분배제도를 확립했다. 또한 일부 극히 적은 사람, 일부 지역에서 성실한 노동과 합법경영을 통해 먼저 부유해지는 것을 제창하며, "먼저 부유"해진 사람이 다른 사람을 부유해지도록 선도하여 마지막으로 "공동 발전"의 목표에 이르게 했다.

여섯째, 시대적 흐름에 순응하고 전방위적으로 대외 개방하는 새로운 이념을 확립했다. 평화와 발전을 시대 주제로 한 새로운 조건 하에서 중국공산당은 사회주의와 자본주의 평화공존, 평화경쟁의 사상을 제기했다. 이와 동시에 중국은 전방위적으로, 다각도로, 넓은 분야에서의 대외개방 구조를 확립했으며, 발달한 자본주의 국가의 앞선 경영방식과 생산기술을 대폭 받아들였으며, 국제적인 경제협력과 경쟁에 적극 참여하며, 국내시장, 국외시장이라는 두 개의 시장, 두 가지 자원을 이용하여 사회주의를 발전시켰다. 이러한 이념은 마르크스주의의 세계적인 역사이론을 다양화하고 새롭게 발전시켰다.

과학적 사회주의라는 이와 같은 중국 특색의 사회주의 이론에 대한 새로운 발전을 통하여, 근 30년 동안의 성공적인 실천이 이루어낸 과시효과를 통하여, 세계인들은 중국 특색의 사회주의 활력과 위력을 알게 되었다. 또한 기타 일부 사회주의 국가의 사회주의에 대한 인식에 변화를 촉구함으로서 가난이 사회주의가 아니며 반드시 하루빨리 생산력을 발전시켜 인민들의 생활수준을 향상하고, 공동발전을 이룩해야 한다는 의미를 알리고, 아울러 이를 실제 건설에 응용하여 일정한 성과를 거두도록 했다.

3) 중국 특색의 사회주의의 위대한 실천 및 엄청난 성과는 사회주의의 선진성과 우월성을 과시하면서 세계 사회주의 발전에 생기를 주입하고 활력이 넘치게 했다

1970년대 이후, 사회주의 발전 과정에서 봉착한 문제에 대해 집권당인 중국공산당 내부에는 두 가지 같지 않은 경향이 나타났다. 한 가지는, 맹목적으로 자신하고 전통을 고수하면서 옛 길을 걸으려는 경향이었다. 다음은, 적극적으로 탐색하고 개혁에 애쓰면서 새로운 길을 걸으려는 경향이었다. 개혁을 추진하는 과정에서, 일부 국가의 개혁은 방향을 바꾸는 개혁이 되는 바람에 집권당은 집권 지위를 잃은 데서, 사회주의 제도를 포기하거나 변경해야 했다. 하지만 중국은 개혁개방에서 새로운 길을 성공적으로 개척하고 중국 특색의 사회주의를 창립했다. 만약 러시아 10월혁명의 승리가 경제와 문화가 낙후된 국가로 하여금 사회주의 길로 나아가도록 본보기를 보여주었다면, 중국 특색의 사회주의의 형성과 발전은 오히려 세계적 범위에서 사회주의 뿐 만 아니라 냉전 후의 각종 사회적 제도가 공존하는 세계에 모종의 과시적 효과를 보여주었다.

중화인민공화국이 수립된 후, 특히 개혁개방을 실시한 30년 동안, 중국이 이룩한 눈부신 성과는, 세계에서의 사회주의 영향을 극대화하면서, 세인들에게 사회주의는 확실히 자본주의보다 우월하여 과학기술과 생산력 발전을 가속화하고, 인민들의 생활을 개선하며, 양극 분화를 피하고, 함께 부유해질 수 있다는 것을 알게 했으며, 사회주의에 대한 신념을 확고히 다져주었다. 중국이 이룩한 눈부신 성과는 개발도상국이 사회주의 길로 나아갈 수 있도록 응집력, 흡인력을 형성했을 뿐만 아니라, 최초의 사회주의 국가들이 재차 사회주의 길을 선택하고 나아가는데 엄청난 과시효과를 하였다. 중국 특색의 사회주의는 과학적 사회주의의 당대 혁신이고 발전으로서 세계 사회주의 발전에 깊은 가르침을 남겨주었다. 첫째, 사회주의 혁명을 진행하든 사회주의 건설을 진행하든 반드시 시종일관 과학적 사회주의의 기본 원칙을 유지해야 하며, 사회주의 발전 방향을 견지해야 한다. 아울러 뚜렷한 본국의 특색이 있어야 한다. 과학적 사회주의 원칙을 포기한다면 사회주의와 자본주의, 봉건주의 등을 구별하기 어려워 그릇된 길을 갈 수 있다. 과학적 사회주의를 국가의 정세와 결부시키지 않는다면 특색을 살릴 수 없을뿐더러 기타 형형색색의 사회주의와 구별하기 어려워 응분의 생기와 활력을 잃을 수 있다. 둘째, 사회주의 본질과 목표가 일치해야 한다. 하지만 사회주의 본질과 목표를 실현하는 과정에서 시종일관 과학적 사회주의 기본원칙과 본국의 실제를 결부시켜야 한다. 그 실현 유형은 다양할 것이고, 길도 다양할 것이다. 셋째, 경제와 문화가 낙후한 국가가 사회주의를 건설하고 안정적으로 발전시키려면, 발전을 통하여 우위를 구현하고 생명력을 강하게 해야 한다. 중국의 길이 세계 각국의 주목을 받을 수 있었던 근본적 원인은 중국이 "발전은 확고한 도리"라는 것을 명심하고, 발전을 중국공산당이 집권하고 나라를 부흥시키는 첫째 과제로 간주했기 때문이다. 발전은 인민을 위한 것이고, 발전하려면 인민에 의존해야 하며, 발전성과를 인민들과 함께 누리는 방침을 견지하며 우리나라 사회주의 사업의 발전 목적, 발전 이념, 발전 방식, 발전 원동력 등에 나타난 문제를 해결한데서, 발전에서 눈부신 성과를 거둘 수 있었다. 넷째, 사회주의를 잘 건설하자면 반드시 집권당의 건설을 강화해야 한다. 사회주의 사업에 대한 중국공산당의 영도를 확실하게 효과적으로 실행하려면 반드시 시대의 보조를 맞추며 당의 영도를 끊임없이 혁신해야 하며, 반드시 당 내에 존재하는 두드러진 문제를 해결해야 하고, 당의 자체 건설을 강화해야 한다. 중국은 개혁개방을 실시하여 놀라운 성과를 거두었는데, 이는 당의 올바른 지도와 갈라놓을 수 없다. 중국공산당이 창립된 후 90년 동안, 특히 집권 후의 60년 동안, 시종 마르크스주의 정당 이론을 고수하며 마르크스주의 집권당 성질을 견지하는 문제, 당의 집권

능력을 개선하는 문제, 당의 선진성(先進性)을 유지하고 발전시키는 문제를 해결하면서 일련의 당의 건설을 강화할 수 있는 독립적인 이론적 관점을 형성했으며, 새로운 역사조건하에서 마르크스주의 정당 학설을 풍부히 하고 발전시켰다.

3. 중국 특색의 길과 미래

미래의 발전과정에서 중국이 지속적으로 "중국의 길"을 따라 나아갈 수 있겠느냐 하는 문제는 국내외 학자들의 공통적인 관심사이다. 국내외 학자들은 이 문제를 매우 신중하게 연구하고 있다. 주요 원인은, 과거에 그들이 중국에 한 여러 가지 예측이 모두 입증되지 못했기 때문이다. 1990년대, 서방의 학자들은 한때 소련과 동유럽이 극변하자 중국도 따라서 붕괴할 것이라고 단언했다. 이른바 "중국 붕괴론"이다. 하지만 사실은, 중국은 붕괴되지 않았을 뿐더러 도리어 비교적 높은 경제성장세를 유지하였다. 일부 학자들은 점차 강대해지는 중국이 세계에 위협을 조성할 수 있다고 단언했다. 이른바, "중국 위협론"이다. 하지만 사실은, 중국의 발전과 강대는 세계 평화에 위협을 조성하지 않았을 뿐더러 도리어 세계 평화를 수호하는 가장 주요한 역량으로 부상했다. 서방 학자들과 정계 요인들에게 있어서, 중국의 미래는 "예측 불가능"이며, 중국의 미래의 발전을 정확히 예측한다는 것은 매우 어려운 일이다. 최근 몇 해 동안, 국외의 언론들은 중국 유형이 지속적으로 발전할 수 있는 가능성을 충분히 긍정함과 동시에 앞으로 중국이 발전 과정에서 봉착할 어려움에 대해 객관적인 분석을 내놓았다. 이를테면, 정용녠(鄭永年) 싱가포르 학자는, 앞으로 중국 유형이 발전 과정에서 일련의 도전에 봉착할 수 있다고 말했다. "도전의 핵심은 중국 유형의 지속 가능성 문제이다. 지속 가능성에 대한 도전은 내적과 외적 양 방면에서 생긴다. 외적 도전은, 중국이 세계경제의 중견 역량으로 부상할 경우 세계 각 국은 경제와 외교 정책을 정할 때 중국을 겨냥한 경제와 전략을 으뜸가는 의사일정으로 간주하고 정할 수 있으며, 그로 인하여 중국에 엄청난 외적 압력을 초래하는 것을 말한다. 내적 도전은 주로, 중국경제 성장 유형의 전환에서 생기는 어려움을 말한다."

랑-뤼커 · 도미니카(让-吕克 · 多梅内克) 프랑스 국가 정치과학 재단 국제연구센터 중국문제 전문가는 ≪중국이 나를 걱정하게 한다≫는 저서에서 이렇게 밝혔다. 경제성장으로 인한 성과는 여전히 중국은 개발도상국 수준에서 완전히 탈피시키지 못하였고, 중국의 교육과 연구 시스템은 현대화할 필요가 있으며, 중국경제는 국제 경쟁에서 경험이 아직 부족하다. 중국의 경제성장은 '낭비'가 심각하여 치르고 있는 자원, 환경과 사회 원가가 너무 높다. 중국경제의 머리 위에 네 자루의 "다모클레스의 검"- 농업 · 국유기업 · 주식 시장 · 금융이 겨냥하고 있다.

2009년 초, 프랑스 참의원 외교 국방위원회의 중국 문제 관련 보고는, 중국의 안정과 번영을 충분히 긍정한 동시에 다음과 같이 밝혔다. 중국 유형의 발전은 여전히 취약한 부분이 있다. 티베트, 신장 등 지역의 분열주의 세력을 대처해야 하고 날로 심각해지는 빈부 소득 격차를 해결해야 한다. 날로 심각해지는 취업 문제와 인구 고령화 문제에 깊이 논의해야 한다. 또한 국제 환경의 시련에 직면해야 한다. 예컨대, 중국 정치제도와 인권상황 등 문제에 대한 질책 같은 것이다.

미국의 한 학자는 이렇게 인정했다. "중국 유형"은 실천 과정에서 일부 문제를 드러냈다. 이를테면, 중국 환경이 심하게 악화되고 빈부격차가 늘어나고 있으며, 관리들의 부패 문제가 아직도 효과적으로 억제되지 못하고 있고, 내수도 효과적으로 확대되지 못하고 있다. 만약 경제가 고성장세를 유지하지 못하고, 날로 늘어나는 실업률과 아직 해결하지 못한 정치 사회 문제가 겹쳐진다면 대규모의 사회적 불안을 초래할 수 있다. 다른 한 학자는 이렇게 말하였다. 중국이 현재 안고 있는 가장 큰 문제가, 중국은 국제사회가 보편적으로 인정하는 가치 체계를 확실하게 구축하지 못한 것이며, 또한 이 같은 가치 체계가 앞으로 중국 "하드웨어 파워"의 중요한 내용으로 될 수 있다.

앞으로 중국이 발전 과정에서 봉착할 기회와 도전에 대하여 중국공산당은 이미 인식을 했다. 중국공산당 17기 당 대표대회 보고는 "중화인민공화국이 수립된 후 특히 개혁개방 이후의 꾸준한 노력을 거쳐 중국은 세계가 주목하는 발전성과를 거두었다. 생산력으로부터 생산관계에 이르기까지, 경제토대로부터 상부구조에 이르기까지 모두 깊은 의미를 가지는 중대한 변화가 생겼다. 하지만 우리나라는 사회주의 기초 단계라는 기본 국정이 아직도 변하지 않았고 또한 장기간 변하지 않을 것이며, 날로 늘어나는 인민들의 물질문화 수요와 낙후한 사회 생산 간의 모순이 변하지 않았다"고 밝혔다. 이 "변하지 않은" 두 가지는 우리에게 중국은 아직도 개발도상국이며, 여전히 사회주의 기초 단계에 처해 있음을 말해주고 있다. 중국 특색의 사회주의 사업을 지속적으로 추진하려면 반드시 사회주의 기초 단계라는 현실에 입각해야지 이 현실을 이탈해서는 안 된다.

2011년 7월 1일, 후진타오 동지는 중국공산당 창립 90주년 경축대회 연설에서 중요한 말을 했다.

"국제 정세, 국내 정세, 당내 정세에 계속하여 심각한 변화가 일어나고 있다. 우리나라는 발전이 불균형적이고 비조화적이고 지속 불가능한 문제점들이 불거지고 있다. 과학적 발전을 제약하는 체제적, 제도적 장애를 피할 수도 없고 돌아갈 수도 없기 때문에 반드시 개혁을 하여 이러한 문제점들을 풀어나가야 한다. 우리는 당중앙위원회 제11기 제3차 전원회의 이래의 노선, 방침, 정책을 확고하게 다지고 신념을 확고히 가져 개혁과 혁신의 정신을 국정운영의 모든 단계에 꾸준히 일관시켜 개혁개방을 힘차게 앞으로 밀고 나아가야 한다. 사회주의 시장경제의 개혁 방향을 견지하고 개혁 정책결정의 과학성을 향상하며, 개혁조치에서의 조율을 강화하고 개혁개방을 심화하기 위한 돌파구를 정확히 찾아내며 개혁개방을 심화하는 중점을 명확히 하고 시기를 포착하여 중요한 영역과 핵심부분의 개혁을 추진해야 한다. 계속하여 경제체제, 정치체제, 문화체제, 사회체제 개혁과 혁신을 추진하고 계속하여 사회생산력을 해방하고 발전시키며 계속하여 중국 사회주의제도의 자기완성과 자기 발전을 추진하며, 과학적 발전을 저해하는 모든 사상관념과 체제적, 제도적 걸림돌을 단호히 제거함으로써 중국특색의 사회주의사업을 추진하는데 강력한 원동력을 주입해야 한다."

중국의 길

초판 1쇄 인쇄 2015년 10월 10일
초판 1쇄 발행 2015년 10월 20일
주 편 청톈취엔(程天权)
옮 긴 이 김승일 · 김창희
발 행 인 김승일
펴 낸 곳 경지출판사
출판등록 제2015-000026호

판매 및 공급처 / 도서출판 징검다리/경기도 파주시 산남로 85-8
Tel : 031-957-3890~1 Fax : 031-957-3889
e-mail : zinggumdari@hanmail.net

ISBN 979-11-86819-02-9 03320